L'ABBÉ A. LEFEBVRE

Prêtre du Diocèse d'Arras

Pour nos Enfants

ENTRETIENS SUR L'ÉDUCATION

Prix : 1 franc

1902

ONÉSIME AMAT, 11, RUE CASSETTE, PARIS

POUR NOS ENFANTS

IMPRIMATUR

E. BERTRAND,
Vicaire Général.

Limoges, le 18 Septembre 1902.

L'Abbé A. LEFEBVRE

Prêtre du Diocèse d'Arras

Pour nos Enfants

ENTRETIENS SUR L'ÉDUCATION
OFFERTS
à tous les Parents chrétiens

ET POUVANT FOURNIR A MM. LES CURÉS

**Trente et un sujets d'Instructions ou de Lectures
très actuelles et très pratiques**

*pour la messe, les réunions du soir, les Confréries,
le Carême, le mois de Marie, de S. Joseph,
du S. Rosaire, etc.*

Ch. AMAT, Editeur
11, rue Cassette
PARIS

Librairie P. DUMONT
3, rue du Clocher
LIMOGES

AVANT-PROPOS

*Écrit au milieu des angoisses de l'heure pré-
sente, c'est à vous, chers parents, et à tous ceux
qui sont appelés à le devenir, que ce petit livre
s'adresse. Il ne peut manquer de vous intéresser,
puisqu'il s'occupe de ce que vous aimez le plus
au monde : de vos enfants.*

*Vos enfants!... Y a-t-il un objet qui présente
un intérêt plus actuel et plus pressant? Vos enfants!... Ne sont-ils pas l'enjeu de la lutte engagée
aujourd'hui entre l'Eglise et la puissance du
mal?*

Pour les sauver, il faut un amour qui atteigne à la hauteur des périls qui les menacent. Celui qui vous parle ne prétend pas les aimer plus que vous; mais il a la prétention de les aimer mieux que vous. Ce qu'il veut, c'est vous apprendre à les aimer comme il les aime, assez pour les sauver.

Prêtre de Jésus-Christ, ces enfants sont les siens comme les vôtres : c'est pourquoi il les appelle nos enfants. Lisez les pages qu'il leur a consacrées. La parole d'un ami est toujours bien accueillie. C'est un ami qui vous parle, puisqu'il l'est de vos enfants. Prêtez l'oreille à ses conseils. Faites mieux : suivez-les et faites-en profiter ceux qui vous entourent, en répandant ce petit livre (1).

Le mal qu'on veut faire à nos enfants serait singulièrement atténué; il serait même complètement enrayé, si les parents comprenaient leurs

____

(1) *Ce serait un excellent et bien utile souvenir à donner aux jeunes époux le jour de leur mariage.*

devoirs et se décidaient à les remplir. Car, ainsi qu'on l'a fait remarquer, l'éducation domestique est aujourd'hui notre première et notre plus grande plaie. La plaie de l'éducation publique, quoi qu'on en dise, ne vient qu'en seconde ligne. Ce petit livre a pour objet de vous le montrer et de vous apprendre à remédier à ce vice de l'éducation première, à laquelle rien ne saurait suppléer.

I

L'éducation de l'enfant incombe aux parents

Vous connaissez cette scène décrite par l'évangéliste saint Luc?

Saint Jean-Baptiste venait de naître. Huit jours s'étaient écoulés depuis le jour de sa naissance. Ses parents et les amis de Zacharie étaient réunis dans sa maison pour la cérémonie qui, à cette époque, tenait lieu du baptême, et on cherchait le nom que l'enfant devait porter. Les uns voulaient l'appeler Zacharie, comme son père; sa mère voulait l'appeler Jean. Tout-à-coup la langue de Zacharie se délia, et lui qui, depuis neuf mois, était resté muet, il se mit à louer Dieu au sujet de cet enfant qu'il venait de nommer Jean.

'Tant de prodiges accomplis autour d'un berceau jetaient dans la stupeur ceux qui en avaient connaissance, et ils se disaient entre eux : « *Que pensez-vous que deviendra cet enfant?* »

Que pensez-vous que deviendra cet enfant ?

C'est la question que se posent avec anxiété la Patrie et l'Eglise, chaque fois qu'un petit être fait son apparition en ce monde. Sera-t-il un bon citoyen, un citoyen honnête, utile à la société, en mesure de rendre des services à sa famille, à son pays? Ou bien sera-ce un de ces êtres nuisibles, qu'on tolère par crainte et dont on salue la disparition avec une sorte de soulagement? Sera-ce un homme de devoir, un bon chrétien, un élu? Ou bien un chrétien lâche, une malheureuse victime du vice, un réprouvé?

La réponse à cette question appartient aux parents, car c'est à eux qu'incombe le devoir de l'éducation. C'est eux que la Patrie charge de faire des hommes; c'est à eux que Dieu a confié le soin de former des chrétiens.

Cultiver les facultés de l'enfant : développer son corps, ouvrir son intelligence, former sa volonté et sa conscience; former l'homme tout entier et le préparer à servir sa patrie dans les différentes situations où il se trouvera placé. Plus encore : préparer la vie éternelle en sanctifiant la vie présente. Voilà l'œuvre et le but de l'éducation ; voilà le devoir des parents.

Devoir capital et bien mal compris néanmoins ! Devoir dont les conséquences sont incalculables, puisque les enfants sont en général ce que l'éducation les a faits ! Devoir qui fait peser sur les parents les plus lourdes responsabilités et qui formera un jour la matière du plus sévère examen !

Car, comprenez-le bien, l'avenir de l'enfant se prépare dès sa plus tendre jeunesse, à l'époque des premières impressions, c'est-à-dire des impressions les plus ineffaçables, de celles qui exercent sur la vie tout entière le plus d'influence ; à un moment, par conséquent, où l'action des parents étant seule à s'exercer et n'étant contrebalancée par aucune autre, il n'est pas contestable que le résultat doive lui être attribué.

Mais que dis-je ? C'est avant la naissance de l'enfant que l'influence des parents se fait séntir : peuvent-ils décliner la responsabilité qu'elle entraîne ?

Les journaux ont raconté l'histoire de cet ouvrier qui entra un jour dans une clinique, faisant passer devant lui un pauvre petit être malingre et triste, grelottant et apeuré. Le docteur palpa, ausculta, examina lentement l'enfant. Puis, s'adressant au père : « Vous buvez souvent de l'alcool ? » Et, sur la réponse affirmative de l'ouvrier : — « Eh bien ! ce poison a fini par imbiber votre cervelle, par couler dans vos veines, par imprégner vos nerfs, vos muscles, votre moëlle épinière. — Et alors ? demanda le malheureux père qui tremblait de comprendre. — Et alors, répondit le docteur, en montrant le petit condamné... et alors... voilà ! »

Il y a donc plus d'un péché originel. L'homme existe avant que de naître, et, en arrivant en ce monde, il porte déjà en lui les premiers germes des dispositions, heureuses ou funestes, qu'il a reçues, avec le sang, de ceux qui lui ont donné le jour. C'est une première raison qui ne permet pas aux parents de décliner la responsabilité qui leur revient dans l'éducation de l'enfant.

Mais il en est une autre, que nous avons déjà fait connaître : c'est que les premières impressions sont les plus ineffaçables ; ce sont celles qui exercent sur la vie tout entière le plus d'influence ; et ces premières impressions, l'enfant les reçoit de ses parents qui sont, et, en tout cas, qui peuvent et qui doivent être les premiers à agir sur lui.

Vous admirez ces jeunes personnes, ces jeunes gens honnêtes et vertueux. Renseignez-vous sur leur enfance, et toujours vous constaterez qu'elle a été cultivée par une éducation soigneusement chrétienne. « Oh ! vous dira-t-on, cela n'est pas étonnant : ils avaient un si digne père, une mère si vigilante ! »

Par contre, informez-vous des premières années de tant d'adolescents, d'hommes faits, oublieux de leurs devoirs et plongés dans le vice, et presque toujours vous constaterez qu'ils ont reçu une mauvaise éducation. « Comment, vous répondra-t-on, pourrait-il en être autrement ? Ils ont été si mal élevés par leurs parents ! »

II

Les parents ont tout ce qu'il faut pour élever leurs enfants

Admirez les sages dispositions de la Providence. Les parents qui ont toute la responsabilité de la première éducation, sont aussi ceux qui ont en main les moyens les plus puissants de la mener à bonne fin.

L'éducation est tout à la fois une œuvre d'amour et une œuvre d'autorité. Une œuvre d'amour, parce qu'elle est pleine de difficultés, parce qu'elle suppose une grande persévérance, parce qu'elle impose des sacrifices sans cesse renouvelés. Une œuvre d'autorité, parce qu'il s'agit d'imposer une direction à cette jeune plante qu'est l'enfant; parce qu'il faut couler dans un moule cette cire molle; parce qu'il faut tailler dans ce bloc la figure destinée à reproduire les traits de son Créateur.

Or, à qui cette œuvre d'amour et d'autorité pourrait-elle être plus heureusement confiée qu'aux parents?

Qui a plus de raisons pour aimer ? Qui a plus de titres pour commander? Et s'il n'y pas là tout l'amour et toute l'autorité voulue pour réaliser cette œuvre, où aller les chercher?

Ils ont pour aimer leurs enfants des raisons qu'on ne peut rencontrer ailleurs. Ils ont pour leur commander des titres auxquels personne ne peut prétendre. Si leur mission est difficile, il faut reconnaître que Dieu a mis entre leurs mains des moyens bien puissants pour la remplir.

C'est en vue de cette mission, chers parents, que Notre-Seigneur a élevé le mariage à la dignité de sacrement, vous préparant dans la réception de ce grand sacrement toutes les grâces qui vous sont nécessaires pour bien remplir les devoirs qui vous incombent. Y avez-vous songé, au jour solennel où vous vous êtes présentés à l'autel pour sceller votre union? Avez-vous songé que vous alliez recevoir là un capital de grâces, dont les intérêts devaient vous mettre à même de faire face aux dépenses de générosité et de sacrifice exigées par votre mission?

Trop souvent, hélas ! on gaspille à l'avance une partie de ce capital par le peu de préparation qu'on apporte à cette grande action ; et l'on se trouve pauvre ensuite, pauvre d'intelligence, pauvre de dévouement, pauvre d'esprit surnaturel et d'abnégation. Qui est-ce qui souffre de cette pauvreté? L'enfant.

Qu'il est triste, le spectacle de la famille à notre époque ! Trop souvent elle s'est formée dans des circonstances qui n'annoncent rien de bon. La considération des intérêts matériels a été prédominante; on s'est enquis avec soin de la fortune que l'un et l'autre apportaient : on a oublié de chercher si les vertus solides faisaient partie de la dot. Ou bien encore une légèreté coupable a présidé aux premières relations, une passion aveugle, qui était sans profondeur parce qu'elle était sans motifs, a rapproché des jeunes gens sans mérite, leur préparant dans les déceptions du lendemain un juste châtiment des entraînements de la veille. D'une façon comme de l'autre, le sérieux et la foi ont été absents de ces engagements si graves.

La suite répond à ces commencements déplorables. Au foyer domestique, où des enfants sont venus prendre place, l'autorité du père et de la mère est méconnue, l'obéissance est marchandée ; on ne se soumet pas par devoir, mais par l'espoir d'une récompense enviée ou par la crainte d'un châtiment redouté. A ce foyer, où la pensée de Dieu est étrangère, le vice s'est installé d'une manière plus ou moins officielle... Chacun suit la pente de ses inclinations, dont il est l'esclave. L'égoïsme règne en maître et inspire toute la conduite. Pourquoi se gênerait-on, après qu'on a secoué le joug sacré du devoir? Vienne une secousse un peu plus forte, une passion un peu plus violente : à la faveur de l'irréligion, compagne inséparable de l'inconduite, le divorce achèvera la ruine, commencée et séparera définitivement ceux que l'égoïsme avait depuis longtemps désunis.

Quant aux enfants, ils ne trouveront souvent, de

quelque côté qu'ils aillent, ni les soins que leur âme réclame, ni les exemples des vertus qu'ils devront pratiquer. Peut-être même les soins matériels leur feront-ils défaut ; car que reste-t-il d'amour paternel ou maternel dans des âmes vides de religion ?

Ainsi, nous voyons les bêtes, livrées à leur instinct grossier, rester unies aussi longtemps que le besoin de leurs petits le demande ; tandis que certains hommes, méconnaissant tout ensemble la voix de la nature et celle de la religion, abandonnent les êtres auxquels ils ont donné la vie.

III

Ce n'est pas l'école, c'est la famille qui fait l'enfant

Comprenez la raison pour laquelle Dieu a décrété l'indissolubilité du lien conjugal. Cet homme et cette femme qui se sont unis devant le prêtre, ne peuvent plus se séparer. Aussi longtemps qu'ils vivront, ils demeureront unis. Pourquoi ?

Afin qu'ils mettent en commun leur sollicitude et leur dévoûment, leurs ressources et leurs forces, leur amour et leur autorité en vue de la grande œuvre qui leur incombe à tous deux : l'éducation de l'enfant. Car tous deux doivent y travailler. Ils sont solidairement responsables devant Dieu de ce petit être que Dieu a confié à leurs soins. Le père ne peut pas se décharger sur la mère de la part de responsabilité qui lui revient ; ni la mère se désintéresser de l'éducation de son enfant, parce que le père trahit son devoir et manque à sa mission. Tous deux en répondent. Mais je ne crains pas de dire que si cette responsabilité partagée pèse plus lourdement sur l'un que sur l'autre, c'est sur le père qu'elle pèse davantage, parce qu'il est, en vertu de l'institution divine, le chef de la famille.

Un maire, un préfet, le chef de l'Etat peuvent abdiquer le pouvoir ; un curé peut se démettre ; un évêque peut être délivré des liens qui l'attachent à son diocèse ; le Pape même peut donner sa démission. Mais vous, pères et mères, vous ne pouvez vous soustraire à la responsabilité qui pèse sur vos épaules : le droit naturel s'y oppose.

Confiez, si vous le voulez, votre enfant à des maîtres ou à des maîtresses ; envoyez-le à l'école, mettez-le en pension : votre responsabilité reste entière. Vous avez à surveiller ceux qui tiennent votre place auprès de votre enfant, à vous rendre compte de la manière dont ils s'acquittent de la mission que vous leur avez confiée ; car ils n'ont pu se l'arroger d'eux-mêmes, mais ils la reçoivent de vous. Vous avez à surveiller le travail, les progrès de votre enfant, à provoquer ses efforts, à châtier sa mollesse. Les aides que vous vous êtes donnés dans la personne de ses maîtres ou maîtresses, vous apportent un concours précieux, si vous les avez bien choisis ; mais ils ne suppriment pas votre responsabilité. Si vous avez fait un mauvais choix, vous êtes responsables de ce choix. Si, par suite de votre choix, l'œuvre de l'éducation périclite ou se trouve compromise, vous portez la responsabilité de cet échec dans la mesure où, ayant connu le mal, vous avez négligé d'y porter remède. Ceci est incontestable et prouve jusqu'à l'évidence que votre responsabilité est demeurée entière.

Ne perdez jamais de vue cette vérité, capitale en la matière qui nous occupe, et dont l'expérience nous apporte chaque jour des preuves nouvelles : *ce n'est pas l'école qui fait l'enfant, c'est la famille.* L'école, si elle est mauvaise, peut contrarier l'action de la famille et gâter l'enfant. Si elle est bonne, sa mission est de seconder l'action des parents ; mais, par cela même qu'elle la seconde, elle la suppose.

Je parle en général, bien entendu. Il peut se rencontrer des exceptions. Mais qui a doit de compter sur les exceptions ? Si l'enfant est un fruit, *fructus ventris*, il sera le fruit de vos soins, chers parents, le fruit de votre dévoûment, de vos vertus, ou bien, car il faut tout prévoir, il sera le fruit de votre négligence, de votre insouciance, de vos vices. De là cet adage si connu : *Tel père, tel fils.* Par l'enfant on connaît la famille, comme d'après le fruit on reconnaît l'arbre qui l'a porté. Sans doute, dans ces sortes de choses, où la liberté de l'enfant a son rôle à jouer, on ne peut établir de règles infaillibles ; mais les exceptions, par cela même qu'on reconnaît qu'elles sont des exceptions, établissent qu'une règle existe, et cette règle se formule ainsi : un bon arbre porte de bons fruits ; un mauvais arbre portera de mauvais fruits.

La morsure d'un insecte peut gâter un fruit qui eût

été naturellement bon. Une greffe habile peut faire croître un fruit savoureux sur un sauvageon. Mais alors c'est d'une manière tout-à-fait accidentelle que le bon arbre porte un mauvais fruit et le mauvais arbre un bon fruit. Or, ce qui est accidentel ou artificiel ne traduit pas une loi, mais répond à une exception. La loi subsiste, telle que nous venons de la formuler, et elle se vérifie, comme toutes les lois, d'une manière générale, c'est-à-dire dans la très grande majorité des cas.

On s'étonne parfois que des jeunes gens, des jeunes filles, élevés dans des maisons religieuses, ne donnent plus tard que des chrétiens, des chrétiennes médiocres ou moins encore. Regardez l'arbre qui a produit ces fruits médiocres et votre étonnement cessera.

J'ai parlé de greffe ; mais tous les arbres ne supportent pas la greffe. On ne cueille pas des raisins sur des épines, ni des figues sur des ronces. N'accusez pas les jardiniers. Accusez la famille, accusez les parents. C'était une plante ingrate, rebelle à la greffe et qui, malgré tous les soins, ne pouvait donner que de mauvais fruits. Chaque année, pendant le temps des vacances, on défaisait dans la famille ce qui s'était fait au collège, au couvent. Vous voyez le résultat.

Quel bien ferait une maison d'éducation qui n'accepterait d'autres enfants que ceux dont le père et la mère sont des chrétiens *pratiquants !* Quelle admirable moisson ne récolterait-on pas dans ce *jardin fermé* aux plantes médiocres ou mauvaises, et aux influences malsaines !

IV

L'Influence de la famille se fait sentir dans l'école

Dans bien des établissements, on s'est préoccupé d'éviter le *mélange* d'enfants appartenant à différentes classes de la société. N'y a-t-il pas un autre *mélange* qu'il importerait beaucoup plus d'éviter : celui d'enfants appartenant à des familles très différentes au point de vue religieux ?

« Oh ! qui nous ramènera le temps où toutes les familles étaient de véritables sanctuaires dans lesquels se faisaient régulièrement et la prière commune, qui unissait tous les cœurs dans le cœur de Dieu, et la pieuse lecture, qui élevait toutes les pensées au-dessus des choses périssables !

» Que de maisons aujourd'hui, où jamais les genoux ne fléchissent, où le père se lève et se couche sans autre souci que de satisfaire à l'instinct animal, où nulle lecture n'est faite en famille, si ce n'est peut-être celle de romans passionnés et de feuilletons scandaleux ; où nulle conversation ne se rapporte ni à la pensée de Dieu, ni aux intérêts du salut, ni à la vie chrétienne ; où tous les entretiens, sans aucune exception, sont exclusivement pour la terre, pour l'argent, pour les sens !

» Comment est-il possible que, sous le poids de ces grossières influences, l'enfant ne se matérialise pas, que tous les germes de vie spirituelle déposés dans son âme par la main de Dieu, et qui ne demanderaient qu'à se développer, ne soient pas étouffés pour toujours ? » (1).

Par contre, il se trouve parfois des enfants qui, bien qu'élevés dans dans des écoles sans religion, restent honnêtes et bons chrétiens. Pourquoi ? Parce qu'ils appartiennent à des familles honnêtes et chrétiennes. Ainsi, tandis que les élèves des maisons religieuses se pervertissent dans la famille, on voit sortir d'écoles neutres ou hostiles des enfants que la famille maintient dans la pratique des devoirs religieux. Preuve que c'est la famille et non l'école qui fait l'enfant.

On en conclurait à tort qu'il importe peu de mettre les enfants dans de bonnes ou dans de mauvaises écoles. Une mauvaise école peut parfaitement compromettre l'œuvre commencée par des parents chrétiens.

____

(1) Mgr Parisis. Instr. past. ; Car. 1857.

C'est là un danger qu'il faut éviter à tout prix. Mais ce serait une erreur plus grave encore que de se désintéresser de l'éducation de l'enfant, sous prétexte qu'on l'a confié à des maîtres religieux. Pourquoi ? Par la raison déjà indiquée, mais qu'on ne saurait trop redire : c'est la famille, et non l'école, qui fait l'enfant.

Le père est responsable de l'entretien, de l'éducation et de l'instruction de l'enfant. Formation corporelle, intellectuelle, morale, religieuse même dans une certaine mesure, tout cela repose sur lui ; il a l'autorité à cet effet. Qu'en fait-il le plus souvent ? N'est-il pas vrai qu'en face de ces devoirs très complexes, la plupart des pères sont d'une ignorance, d'une négligence et d'une impuissance lamentable ? Où sont les pères qui savent connaître le caractère et les aptitudes de l'enfant, les développer sans les fausser, les contenir sans les comprimer, les corriger sans les blesser ? C'est une science si difficile ! et qui se soucie de l'apprendre ? On a hâte de se décharger de l'éducation et de l'instruction sur d'autres, et du jour où on a trouvé un maître pour le petit, on croit avoir satisfait à toutes ses obligations.

Que faut-il penser de ces parents indolents, qui ne confient leurs enfants à des maîtres religieux que pour se décharger complètement eux-mêmes d'un devoir qu'il leur coûte de remplir ? N'est-ce pas abuser indignement du dévouement de ces maîtres et des avantages offerts par les établissements qu'ils dirigent ? N'est-ce pas, de plus, réduire à néant les fruits que produiraient ce dévoûment et la sage organisation de ces maisons, si on secondait leur action bienfaisante ? En vérité, je ne connais rien de plus révoltant que d'abuser d'une bonne œuvre d'une façon si complète, qu'on la fait tourner contre le but qu'elle est destinée à atteindre ! Par le fait, loin de faciliter l'éducation chrétienne de l'enfant, elle devient un sûr moyen de la compromettre, en permettant aux parents de se dispenser d'un effort qu'ils feraient, si ces maisons d'éducation chrétienne n'existaient pas, et qu'ils ne font pas, parce qu'elles existent.

V

Ce que doit être l'éducation

C'est aux parents, avons-nous dit, qu'incombe le devoir d'élever leurs enfants. Ils sont les premiers responsables de l'avenir de ces enfants et ils ont d'ailleurs pour mener leur œuvre à bonne fin, tout l'amour et toute l'autorité qu'elle exige. Qu'ils sachent bien, ces parents, ce que la patrie, ce que Dieu attend d'eux. Leur mission est grande, elle est noble, elle est sainte ; car la Patrie leur demande des hommes et Dieu les charge de former des chrétiens. Il faut aller jusque-là, et ce serait rapetisser étrangement l'œuvre de l'éducation, que de la réduire à quelque chose de moindre que cela.

Ce que l'enfant reçoit tout d'abord des auteurs de ses jours, c'est la vie physique, la vie animale. Dès les premiers instants de son existence, il en remplit les fonctions : il respire, il se nourrit, il digère, il dort. En cela il ne se distingue nullement des êtres privés de raison. La première sollicitude des parents n'a d'autre objet que de conserver et de développer cette vie animale. Ils constatent avec joie que l'enfant augmente de poids, prend des couleurs, dort bien, boit bien et digère convenablement. Ils ont raison de se contenter de cela, car ils ne pourraient pas raisonnablement exiger autre chose de ce petit être, que les fonctions de la vie physique absorbent tout entier.

Cependant, l'enfant grandit et devient capable d'une autre vie. Que penseriez-vous de parents dont la sollicitude resterait bornée aux soins du premier âge, et qui croiraient n'avoir rien d'autre à faire, à mesure que l'enfant se développe, que de lui donner une nourriture plus abondante et plus forte? Vous jugeriez avec raison qu'ils méconnaissent leurs devoirs et ne comprennent nullement leur rôle.

Hélas! ils sont plus nombreux qu'on ne pense, les malheureux parents qui, au lieu de faire œuvre d'éducation, ne font que de *l'élevage*. Tout va bien pour eux, aussi longtemps que les enfants sont bien portants et qu'on voit fleurir sur leurs joues les roses de la santé.

Cependant, il y a une intelligence qui s'éveille sous cette enveloppe épaisse. Ce don de la parole, qui distingue d'une manière si évidente l'homme des créatures inférieures, et dont l'enfant commence à faire usage, indique bien que ce petit être est destiné à entrer en relations avec ses semblables, à vivre de la vie sociale, c'est-à-dire à prendre sa part des charges qui pèsent sur la société, et à recevoir, en échange, les services qu'on se rend les uns aux autres dans la grande famille humaine. Ne lui laissez donc pas croire qu'il n'a qu'à penser à lui ; que, du moment qu'il mange et boit, tout est pour le mieux ; que la meilleure des situations est celle qui assure sans travail le pain de chaque jour et le droit à l'assiette au beurre.

Monstrueux égoïsme, qui fait aujourd'hui le malheur de tant d'individus et prépare la ruine de la société !

Faites-lui comprendre de bonne heure, au contraire, que le pays attend quelque chose de lui ; qu'en échange des avantages dont il a joui jusqu'ici sans fatigue, il lui faut fournir sa part de travail, et que, pour prétendre toucher un jour les intérêts du capital qui le fera vivre, il faut qu'il commence par amasser ce capital. Préparez-le, en d'autres termes, à occuper dans la société la situation que sa naissance et ses talents lui réservent ; préparez-le à être un citoyen utile. Voilà les hommes que la patrie réclame.

Ce qui fait la grandeur, la prospérité d'un pays, ce ne sont pas des hommes quelconques : ce sont des hommes faits, des hommes *élevés*. De même, ce qui fait la prospérité d'une maison, d'une famille, ce sont des femmes capables, des femmes vertueuses, des femmes de devoir. Parents, voilà ce que la société attend de vous. Et comprenez bien que je parle ici pour tout le monde. Quand je demande des hommes, ce n'est pas en vue de ces hautes fonctions que vos enfants ne sont sans doute pas appelés à remplir : c'est en vue de ces situations modestes que vous occupez vous-mêmes pour la plupart, mais qui, toutes modestes qu'elles sont, font la dignité, la prospérité d'un peuple. N'est-ce pas déjà une grande chose que de donner chez soi et dans son entourage l'exemple de la probité, de l'honneur, du travail, de la fidélité à tous les devoirs ?

Vous voyez comme l'horizon s'élargit. Ah! si tous les parents comprenaient ces vérités et savaient les faire pénétrer dans l'âme de leurs enfants, nous n'aurions pas à déplorer tant de ruines et l'avenir serait moins sombre.

VI

L'éducation est l'apprentissage
de la vertu

Nous n'avons envisagé jusqu'ici que le côté naturel, humain de la question. L'éducation a un but plus élevé que de faire des hommes : c'est de faire des chrétiens.

L'enfant vient de Dieu et il est créé pour Dieu. Le citoyen de la terre est appelé à devenir un citoyen du ciel. Parents chrétiens, lui laisserez-vous ignorer cette sublime vocation? Lui laisserez-vous croire que tout se borne pour lui à conquérir une place honorable parmi ses semblables ? Lui laisserez-vous dépenser le meilleur de son intelligence et de son cœur à la poursuite d'un succès passager, dont la durée est courte comme la vie elle-même, tandis qu'il peut s'assurer un bonheur sans mesure et sans fin? Vous qui vivez de la vie surnaturelle, vous qui avez la foi, souffrirez-vous que vos enfants restent étrangers à ces grandes choses et qu'ils végètent dans une sorte d'indifférence, par suite de l'ignorance de leur destinée, ou dans la tiédeur, par suite du peu de générosité qu'ils mettent à y répondre?

« La première chose que vous devez à vos enfants, quand ils commencent à grandir, c'est l'instruction religieuse. C'est l'essentiel. Elle mérite le premier rang par la dignité de son objet, qui est Dieu, principe et fin dernière de toutes choses, Dieu, être infiniment parfait, qui n'a pas besoin de nos hommages, mais que notre esprit a besoin de connaître, que notre cœur a besoin d'aimer. Elle mérite encore le premier rang par sa nécessité et ses merveilleux effets. Elle éclaire l'homme sur son origine, sur sa nature, sur ses devoirs, sur sa chute, sur sa rédemption et la fin éternellement heureuse que Jésus-Christ nous a rendue; elle est d'ailleurs nécessaire comme la foi, et Benoît XIV, que l'étendue de ses connaissances et la prudence de ses assertions rendent si digne d'être cru, affirme qu'une grande partie de ceux qui seront condamnés au feu éternel le seront à cause de leur ignorance des principaux mystères de la foi, qu'il leur était absolument nécessaire de connaître et de croire-pour être sauvés.

» C'est même, à bien prendre, la seule science vraiment nécessaire; elle peut, au besoin, remplacer toutes les autres, et rien ne peut la remplacer jamais. Que servirait à vos enfants de savoir tout le reste, s'ils ne connaissaient pas la religion, s'ils ne savaient pas Jésus-Christ? A quoi bon la science des langues chez celui dont la bouche se fermera bientôt et que la mort va réduire au silence ? A quoi bon, dans l'autre monde, la géographie de celui-ci ? A quoi bon l'écriture, la musique, la peinture pour des mains qui vont se dessécher et qui seront demain enveloppées d'un suaire ; la connaissance de l'histoire des temps, pour celui qui doit entrer dans l'éternité ? Mais l'instruction religieuse est souverainement importante ; elle est absolument nécessaire et doit passer avant tout.

» C'est la mère chrétienne qui est le premier apôtre de l'enfance. Dieu lui impose ce grand devoir en lui confiant une âme rachetée par son sang précieux, sanctifiée par sa grâce et destinée à la posséder un jour. C'est à elle de graver dans l'esprit et dans le cœur de ses enfants baptisés la connaissance et l'amour de Dieu » (1).

« Ce n'est pas moi, disait à ses enfants la mère des Machabées, ce n'est pas moi qui vous ai donné le souffle qui vous anime et la vie dont vous jouissez. Ce n'est pas moi qui ai formé vos membres. J'ignore même comment vous êtes apparus dans mon sein. C'est le Créateur du monde qui donne l'existence à l'homme et qui est le principe de toutes choses. »

Telles sont les vérités que des parents chrétiens doivent inculquer de bonne heure dans l'esprit de leur enfant, afin de diriger son cœur vers Celui qui a

-----

(1) Mgr Pichenot : *Traité pratique de l'éducation maternelle.*

tant de droits à sa reconnaissance. Elever ce petit être dans la connaissance et dans l'amour de ses hautes destinées, lui montrer la route du ciel et l'aider à y marcher, voilà notre mission, père et mère de famille. C'est lorsqu'on l'envisage à ce point de vue que l'œuvre de l'éducation apparaît comme la plus grande des œuvres, comme une œuvre providentielle et sacrée, comme une tâche toute divine, un sacerdoce.

Vous comprenez par là quel est le but auquel l'éducation doit atteindre et ce qu'elle doit être pour atteindre à ce but. Le but de l'éducation, disons-le en deux mots, c'est l'apprentissage de la vertu. Faire l'éducation d'un enfant, c'est *élever* cet enfant, *élever* son âme, *élever* son esprit, *élever* ses sentiments, ses pensées, son caractère. Or, on ne s'élève vraiment que par la vertu ; toute autre élévation est fausse et n'est qu'apparente. Une âme sans vertu, fût-elle l'âme d'un homme de génie, est toujours vile et basse. Donc, le but que poursuit l'éducation, c'est, comme je viens de l'affirmer, l'apprentissage de la vertu.

VII

L'éducation doit faire le bonheur
de l'enfant

Le but de l'éducation, c'est l'apprentissage de la
vertu. C'est, par une conséquence naturelle, le bonheur
de l'enfant. Car, ici-bas comme là-haut, le bonheur est
la récompense de la vertu.

Je ne parle pas de ce bonheur éphémère dont il
n'est pas rare de voir jouir des hommes sans religion
et qu'il faudrait considérer plutôt comme le plus redou-
table des malheurs, comme une marque presque certaine de réprobation, puisqu'en maintenant ces hommes dans les illusions et dans l'erreur, il leur ferme,
pour ainsi dire, le chemin du pardon. Qu'un homme
éloigné de Dieu soit éprouvé par le malheur : c'est

souvent pour lui l'occasion de réflexions sérieuses, et cela peut devenir le principe d'un véritable changement de vie. Mais que ce même homme, éloigné de Dieu, voie tout lui réussir à souhait : c'est ce qui ne laisse aucun espoir qu'il revienne de son égarement. N'appelons donc pas bonheur ce qui est le plus terrible de tous les maux. Le bonheur véritable vient de Dieu et il n'est possible qu'avec la vertu.

Travailler au bonheur de l'enfant par les moyens qui *peuvent* le procurer ici-bas et qui *doivent* le lui assurer là-haut, voilà le but qu'il faut poursuivre, sous peine de fausser l'œuvre de l'éducation. Car une éducation qui n'aboutit pas à rendre l'enfant heureux est évidemment une éducation manquée, puisqu'elle oblige à dire de cet enfant : *il eût mieux valu pour lui qu'il ne fût jamais né.*

Beaucoup de parents ne comprennent pas ces choses, qui sont cependant élémentaires, car il suffit d'un peu de foi et de bon sens pour en avoir l'intelligence. Ils souhaitent à leurs enfants des avantages qu'ils ne sont pas maîtres de leur assurer et qui, dans tous les cas, leur seront enlevés avec la vie, si quelque accident ne les en prive plus tôt ; et ils négligent ce qui est seul digne d'estime, seul désirable, seul capable de donner satisfaction aux aspirations élevées de l'âme humaine : je veux dire la vertu et ses récompenses éternelles.

« On n'a de sollicitude que pour les choses du temps, et l'on oublie celles de l'éternité. Que mangerons-nous ? Que boirons-nous ? De quoi nous vêtirons-nous ? Tel est le refrain ordinaire des personnes qui oublient la Providence. ·

» Jésus-Christ leur montre la manière admirable dont notre Père céleste nourrit les oiseaux du ciel et de quelle riche parure il revêt le lis des champs. « Il sait, dit-il, que vous avez besoin de la nourriture, du vêtement et de l'abri; n'allez donc pas imiter en cela les Gentils; mais cherchez premièrement le royaume de Dieu et sa justice, et toutes ces choses vous seront données par surcroît ».

» Or, qu'arrive-t-il, hélas ! trop souvent ? On donne un sens contraire à la maxime du Christ; on en renverse les termes et l'on dit : « Avant tout, la nourriture et le vêtement; avant tout, les emplois lucratifs ; avant tout, les biens de ce monde ! Le royaume de Dieu et sa justice après tout ; et qu'ils périssent, si nous ne pouvons facilement les concilier avec nos intérêts temporels ! »

» Si l'on ne dit pas cela de bouche, on le dit par ses actions, et ce langage est plus expressif que la parole; il atteste d'une manière plus sûre les pensées et les sentiments de l'âme. Voilà la cause de tous nos malheurs : malheurs des individus, malheurs des familles, malheurs de la société » (1).

Etonnez-vous qu'il y ait si peu de parents capables

____

(1) Mgr Rousset. *Devoirs des parents envers leurs enfants.*

de bien élever leurs enfants, lorsqu'il y en a tant qui ignorent pratiquement le but auquel ils doivent appliquer leurs efforts. Ils ressemblent assez à ces chasseurs novices, qui tirent à l'aventure et qui reviennent bredouilles, après avoir brûlé beaucoup de poudre. Des enfants élevés par de tels parents n'ont le plus souvent aucun des avantages qu'on leur souhaitait, et ils ont en échange tous les défauts dont on n'a pas songé à les préserver.

VIII

L'autorité dans l'éducation

La responsabilité de l'éducation incombe avant tout aux parents : nous l'avons solidement établi. Nous avons ajouté que les parents, qui ont la responsabilité de cette œuvre, sont aussi ceux qui ont en mains les moyens les plus puissants de la mener à bonne fin. Œuvre d'amour et d'autorité, à qui pourrait-elle être plus heureusement confiée qu'aux parents ? Qui a plus de raisons pour aimer ? Qui a plus de titres pour commander ?

La question qui se pose maintenant est celle-ci : quel usage faut-il faire de cette autorité ? L'enfant est libre, susceptible par conséquent de recevoir la direction qu'on veut lui imprimer, mais très capable aussi d'y résister. Dans quelle mesure faut-il respecter la liberté de l'enfant, et dans quelle mesure est-il à propos de briser par la contrainte sa volonté rebelle ?

Certaines personnes voudraient qu'on prît l'enfant par la douceur, par les sentiments. A quoi bon, disent-elles, employer la menace ou la violence ? C'est faire usage d'un moyen qui aboutira sans doute à un résultat, mais à un résultat matériel et tout de surface. L'enfant cèdera, parce qu'il se sent le plus faible ; il cèdera à la nécessité. Mais tandis qu'il cède, son âme se révolte ; il est vaincu, il n'est pas soumis. Il s'amasse dans ce cœur blessé des nuages qui plus tard formeront tempête, et cette soumission forcée provoquera, quand il se sentira plus fort, une réaction violente. Parlez au contraire à son cœur, à sa raison. Expliquez-lui les motifs de votre conduite, montrez-lui la sagesse de vos ordres : il cèdera à la justesse de vos raisons et vous récompensera de vos efforts par une obéissance volontaire.

Un pareil système, si on y prend bien garde, n'a pas seulement pour résultat d'apporter une restriction plus ou moins étroite à l'exercice de l'autorité. Il est la négation même de l'autorité.

L'autorité, en effet, qu'on le comprenne bien, ne laisse pas à l'enfant le droit de discuter et d'apprécier les ordres qui lui sont donnés. Antérieurement à toutes les appréciations qu'il peut émettre sur la sagesse ou l'opportunité de ces ordres, elle crée pour lui le devoir de s'y conformer. Faire dépendre cette soumission de l'appréciation que l'enfant porte sur les ordres qu'il reçoit, c'est nier l'autorité des parents. Celui qui adopte une règle de conduite, parce qu'il la trouve raisonnable, n'obéit qu'à lui-même, et s'il a le droit d'agir ainsi, c'est qu'on n'a pas le droit de lui commander.

Par conséquent, de deux choses l'une : ou bien les parents ont le droit de commander à leurs enfants, ou bien ils ne l'ont pas. S'ils ont ce droit, la soumission de l'enfant ne peut dépendre de l'appréciation qu'il porte sur les ordres qui lui sont donnés et il est inutile de la lui demander. Si les parents n'ont pas le droit de commander à leurs enfants, il vaut mieux le dire franchement.

Faire comprendre à l'enfant les raisons qu'on a d'agir comme on le fait ? Mais pour tenter l'entreprise, il faudrait attendre qu'il fût en âge de peser ces raisons. A quel âge l'enfar* sera-t-il capable de le faire ? Je l'ignore. Mais ce que je sais bien, c'est qu'a cet âge là il sera trop tard pour commencer son éducation. Elle sera faite et elle sera mal faite ; ou, si vous le voulez, elle ne sera pas faite du tout, puisqu'en réalité l'enfant aura été abandonné jusqu'alors à tous les entraînements de ses caprices et de ses passions naissantes. Grâce à cela, il sera tout à fait incapable de reconnaître la sagesse de la direction qu'on voudrait lui donner ; car les passions, elles aussi, ont une voix, et cette voix parle plus haut et plus fort que la voix de la raison. Laissez prendre à cet enfant des habitudes d'indépendance, sous prétexte qu'il n'est pas à même de répondre à vos ordres par une soumission raisonnée : c'est bien inutilement que vous essaierez ensuite de lui persuader qu'il doit changer du tout au tout et s'imposer un joug qu'il n'a jamais porté.

Le système de l'éducation par le sentiment a un autre inconvénient : il met l'enfant sur le pied de l'égalité avec les parents. On discute de part et d'autre. Dans cette discussion on ne fait appel à d'autre autorité qu'à celle de la raison, à d'autres sentiments qu'à ceux que chacun est libre d'éprouver. Vous voyez ce qui arrive : on garde de part et d'autre ses raisons, sa manière de juger et de sentir. Le résultat est un échec fait à l'autorité des parents au profit de l'indépendance croissante de l'enfant. Quelquefois c'est pis encore. Cette lutte inconvenante et ridicule finit par agacer les parents, qui se fâchent, et il n'est pas rare de voir se terminer par des injures et des gros mots une conversation qui a commencé par des paroles affables et des témoignages de tendresse.

IX

Comment il faut user de l'autorité

La vraie méthode d'éducation, la seule digne, la seule possible, est celle où l'autorité s'impose. Plus tard, lorsque l'enfant aura grandi, lorsque son intelligence se sera développée et qu'il aura appris à se vaincre, il sera possible de faire appel à ses sentiments et à sa raison. On pourra tempérer par un sage emploi du raisonnement et de la douceur ce que l'autorité pourrait présenter de trop dur. Mais l'autorité d'abord : le sentiment ne doit venir qu'après. Quand on veut plier une branche d'arbre, on commence par user de la force ; ensuite un simple fil, un faible jonc suffit pour la maintenir dans la direction voulue. Il en va de même pour l'éducation.

S'il est utile de se montrer sévère, il n'est pas à propos d'outrer cette sévérité, de ne rien passer et de récriminer sans cesse. Bien au contraire. Il vaut mieux commander rarement mais formellement, en laissant à l'enfant la plus grande somme de liberté possible. On peut se montrer large, sans pour cela être faible. L'important est de ne jamais céder une fois qu'on a commencé à résister, de ne jamais permettre ce qu'on a une fois défendu, de ne jamais accorder ce qu'on a d'abord refusé. Il ne faut pas que l'enfant comprenne ou croie qu'il arrivera à ses fins à force d'insister et qu'il n'y a pas de barrières, si solides semblent-elles, qu'il ne puisse renverser à force de les ébranler. Capituler dans ces conditions est absolument désastreux.

N'alléguez pas, pour justifier votre faiblesse, que l'enfant est jeune et qu'à cause de cela il faut tenir compte de ses exigences, même déraisonnables. C'est précisément parce qu'il est jeune, qu'il importe de le faire plier. Si l'enfant n'est pas mâté dès l'âge de trois ou quatre ans, il ne le sera jamais.

Il faut, avons-nous dit, que l'autorité s'impose. Comment s'imposera-t-elle et jusqu'où faudra-t-il aller en cas de résistance? Faudra-t-il aller jusqu'à la correction manuelle, jusqu'au fouet?

Pourquoi pas? Qui veut la fin veut les moyens. S'il n'y a pas d'autres moyens de faire plier l'enfant, pourquoi s'interdire celui-ci? Quelle objection sérieuse peut-on faire à l'usage modéré de la correction manuelle. Nous ne le voyons pas. Il est toujours facile d'accumuler des sophismes ou de faire du sentiment à propos d'un mode de correction qui ne plaît pas à tout le monde. Mais autre chose est de faire des sophismes et du sentiment, autre chose d'apporter des raisons sérieuses, qui n'existent pas.

Le fouet est utile, quelquefois nécessaire dans la petite enfance. Plus tard il cesse d'être efficace et peut devenir nuisible. Il faut l'employer d'une manière judicieuse : tout est là. Il faut surtout le faire craindre. « La plus désirable et la meilleure éducation, dit saint Jean Chrysostôme, est celle où l'enfant craint toujours le fouet et ne le reçoit jamais. » Cependant on le craint davantage quand on l'a quelquefois reçu.

Que la correction soit juste, c'est-à-dire proportionnée à la faute. « Les excès de sévérité sont peut-être moins rares qu'on ne l'imagine. Si les classes élevées ne savent plus assez corriger leurs enfants, les gens du peuple les maltraitent parfois d'une façon indigne et sans raison suffisante. Souvent, pour une maladresse, parce que le pied lui aura glissé et qu'il aura cassé un vase, gâté un meuble, un pauvre enfant est chargé d'injures et même de coups. Ces brutalités, qui font mal à voir, sont funestes aux enfants : elles assombrissent leur caractère, les rendent ombrageux, timides, haineux, et amassent dans leur cœur un levain de tristesse, un amer chagrin qui les ronge et qui éclatera plus tard pour leur malheur et celui des autres. Ce qu'il y a de plus triste, c'est qu'en écartant le moucheron on avale l'éléphant ; on entre en fureur contre un enfant qui a causé un léger dommage, et on ne lui dit·rien, ou peu de chose, quand il manque sa prière, quand il se permet le mensonge, quand il commet des péchés mortels. En agissant ainsi, on trouve le moyen de blesser ce pauvre enfant dans son corps et dans son âme ; c'est désolant » (1).

Que la correction se fasse en temps opportun. Ordinairement, elle doit suivre immédiatement la faute. Cependant, il est des circonstances où il est nécessaire de la différer ; par exemple, si l'enfant est violent et est entré en fureur. Dans ce cas, il faut attendre que le calme soit revenu. Si juste et si modérée que soit la correction, elle n'a pas de prise sur une âme agitée par la colère ; quelquefois même, elle pourrait aggraver le mal.

____

(1) P. Tissot. *L'éducation dans la famille et dans les écoles.*

X

Défauts à éviter dans l'usage de l'autorité

Il n'est pas inutile de signaler quelques défauts, qu'il importe extrêmement d'éviter, dans l'usage qu'on fait de son autorité.

C'est d'abord l'impatience. Comprenez que l'œuvre de l'éducation est une œuvre difficile, qu'elle demande beaucoup de la part des parents, beaucoup aussi de la part des enfants. Il faut s'y reprendre à plusieurs fois, essuyer plus d'un échec partiel avant d'arriver au succès d'ensemble. La patience est donc de rigueur de la part des éducateurs. Les marques d'impatience agissent d'une manière fâcheuse sur la sensibilité de l'enfant : elles le rendent nerveux, irritable ; elles peuvent même altérer sa santé et n'ont pas moins d'inconvénients pour la formation de son caractère. Il faut donc se les interdire le plus qu'on peut et ne pas s'imaginer surtout qu'on obtiendra plus facilement l'obéissance demandée, parce qu'on s'est montré irrité.

Un second défaut à éviter, c'est l'humeur capricieuse. Aujourd'hui, l'enfant pourra tout se permettre, parce qu'on est de bonne humeur; demain, les moindres écarts seront sévèrement punis, parce qu'un nuage a passé sur le ciel bleu de la veille. L'enfant souffre d'abord de ces changements de conduite; ensuite il s'en irrite, parce qu'il comprend qu'il est la victime innocente de contrariétés dont il n'est pas la cause. Qu'advient-il? C'est que son affection pour ses parents diminue; son respect aussi, malheureusement. L'autorité perd dans les mêmes proportions, car l'enfant a compris que les reproches qu'on lui adresse, les châtiments qu'on lui inflige, sont inspirés par toute autre chose que la raison et la justice. Il cherche à se soustraire aux uns et aux autres, comme on cherche à esquiver un orage. Mais, dans cette crainte trop naturelle qui le guide, il n'y a rien pour la conscience. L'enfant ne se forme pas, l'éducation ne se fait pas.

Il n'est pas moins nécessaire d'éviter l'humeur chagrine, principe de gronderies incessantes, de récriminations continuelles. On n'est pas exposé, avec les personnes de ce caractère, à des changements brusques et imprévus : le baromètre marque toujours la pluie et la tempête ; on sait d'avance à quoi s'en tenir. Mais quelle impression en résulte pour l'enfant? Au lieu de se développer dans l'atmosphère gaie et sereine qui lui est nécessaire, il s'étiole, se ferme, reste en lui-même. Si son intelligence et son cœur s'éveillent, il n'en paraît rien au dehors. Il ne parle même pas et subit en silence le joug odieux qu'on lui fait porter, parfois inconsciemment.

Que conclure de tout cela ? C'est que l'éducation est une œuvre qui réclame bien des qualités ; que ces qualités, il faut les avoir ou les acquérir, et que, pour arriver à être maître de ses enfants, il faut commencer par l'être de soi-même.

Si vous voulez que vos enfants respectent votre autorité et s'y soumettent, montrez-vous vous-mêmes respectueux de l'autorité et de la règle, partout où il existe une autorité légitime et une règle émanant de cette autorité. Il est douloureux de constater que ce respect de l'autorité et de la règle existe quelquefois moins chez les parents que chez les enfants. « Maman, disait une enfant à sa mère, qui voulait solliciter une permission contraire au règlement de la maison, ne demande pas cela, tu sais bien qu'on ne peut pas te l'accorder. » Quelle parole humiliante pour cette mère inconsidérée ! Etait-elle capable de le comprendre ?

Apprenez à vos enfants à respecter l'autorité du curé, de l'instituteur, de l'institutrice. S'ils se plaignent d'avoir été punis au catéchisme ou à l'école, doublez la punition. Malheur aux enfants, malheur aux familles, lorsque le père ou la mère accueille les plaintes des enfants et prend leur parti contre le curé ou l'instituteur. Alors se vérifie cette parole du Sauveur : « Tout royaume divisé est condamné à la ruine ; toute maison divisée tombera ». Ces trois autorités, la vôtre, celle du curé et celle de l'instituteur, viennent de la même source, de Dieu, qui les a établies en parfaite harmonie, pour que, de concert, elles travaillent à procurer le plus grand bien des enfants. Tout ce qui ébranle l'une d'elles prépare nécessairement la ruine des autres.

X

Les récompenses et les récréations

« Une récompense donnée à propos, lorsqu'un enfant a fait des efforts extraordinaires, peut être avantageuse; mais, en général, il faut l'habituer à se conduire par des motifs plus élevés et plus efficaces. En pratiquant la vertu, l'enfant ne fait, après tout, que son devoir, et, s'il a le cœur bien fait, il trouvera dans la joie de ses parents, dans le bonheur de plaire à Dieu, dans le témoignage de sa conscience et dans l'espoir des biens éternels, la plus douce des satisfactions et la plus précieuse des récompenses.

» Dans certaines familles, pour entretenir la bonne volonté d'un enfant, on l'accable de cadeaux, de joujoux, de curiosités, d'objets rares et même précieux. Il y est peu sensible : la profusion engendre le mépris.

» Fénelon n'aime pas qu'on encourage les enfants en leur donnant des friandises ou des parures; il trouve que c'est donner de l'importance à des bagatelles ; les enfants n'y sont déjà que trop enclins. Il faut un choix judicieux dans les récompenses ; il faut n'admettre que celles qui sont honnêtes et morales, que celles qui, loin de flatter les défauts de l'enfant, lui font du bien, entretiennent et développent ses bons sentiments » (1).

Remarque très importante : les récompenses ne doivent jamais faire l'objet d'un marchandage. Il ne faut jamais dire à l'enfant : « Si tu fais ceci, je te donnerai cela. » Le marchandage est une atteinte portée à l'autorité des parents, qui estiment ainsi devoir payer l'obéissance qui leur est due et qui nient leur droit par le fait même qu'ils cherchent à l'établir au moyen d'un pacte, que l'enfant peut refuser de sanctionner. C'est donc une atteinte portée à l'autorité des parents et, ce qui est plus grave, portée par les parents eux-mêmes.

Ce marchandage n'est pas moins dégradant pour l'enfant, dont on estime pouvoir acheter la conscience en mettant son obéissance à prix. C'est donc une manière de faire profondément immorale. Ses résultats le montrent : ils sont désastreux. L'enfant, quand il consent au pacte qu'on lui propose, n'obéit plus que par intérêt. C'est là suppression de l'idée de devoir, la ruine du sens moral, le germe de toutes les infamies. L'enfant s'est vendu ; plus tard, l'homme s'achètera, la

---

(1) P. Tissot. *L'éducation dans la famille et dans les écoles.*

femme se vendra : il suffira d'y mettre le prix. Car il n'y a que deux mobiles possibles pour les actions humaines : le devoir et l'intérêt. Si pratiquement on écarte le devoir, il ne reste plus que l'intérêt.

Il faut donc récompenser les enfants ; mais ces récompenses ne doivent pas être un marchandage. Elles doivent être un témoignage de satisfaction accordé librement par les parents. Le choix de ces récompenses ne doit pas être laissé à l'enfant : il appartient aux parents seuls, qui peuvent d'ailleurs s'inspirer des préférences connues de leurs enfants, pourvu qu'elles n'offrent rien de répréhensible. Pour éviter le marchandage, dont je viens de montrer les graves inconvénients, il ne faut pas que la promesse de récompense précède la récompense ; il ne faut surtout pas promettre telle récompense. Celle-ci doit être inattendue : elle n'en paraîtra que meilleure.

Quelques parents trouveront peut-être que je fais des distinctions subtiles et diront qu'ils ne les comprennent pas. S'ils ne les comprennent pas, l'enfant, lui, les comprend et saura très bien employer ces nuances pour conquérir son indépendance et river les chaînes de l'autorité.

En parlant des récompenses, il est naturel que nous disions un mot des récréations. Les récréations sont utiles, elles sont nécessaires : c'est un repos. Mais ce repos doit être mérité. Car qui dit repos, suppose un travail préalable ; ce sont choses corrélatives, et, pour avoir acquis le droit de se reposer, il faut avoir accompli le devoir de travailler. L'exemple en descend de haut. C'est quand il eut créé le monde que Dieu se reposa, raconte la sainte Bible. Il venait de constater que l'ouvrage était fait et qu'il était bien fait. Mais l'enfant qui, au lieu de faire son devoir, a consumé dans une inaction coupable le temps que l'ordre de la journée assigne au travail et à l'étude, cet enfant-là n'a point droit au repos. Il importe qu'il le comprenne, et le meilleur moyen de le lui faire comprendre, c'est de le priver d'une récréation qu'il n'a pas méritée.

XII

Il faut connaître ses enfants

« Au principe de l'autorité paternelle qui impose le respect et réclame l'obéissance, les théoriciens de la famille moderne ont substitué le principe de la tendresse paternelle, qui, par suite de la mollesse des mœurs domestiques, pourrait être appelé plus justement le principe de la faiblesse paternelle.

» On a cru pouvoir remplacer avantageusement la loi de crainte par la loi d'amour. Mais cette loi d'amour, proclamée comme la régulatrice suprême de la famille, n'a généralement de l'amour que les déplorables aveuglements. Je reconnais que l'amour, avec tous ses dévoûments, s'impose à la paternité dans l'œuvre de l'éducation de l'enfant ; j'ajoute même que, pour mener cette œuvre à bonne fin, il faut aimer beaucoup l'enfant. Et, sur ce point, je n'ai rien à apprendre aux pères et aux mères. Aimer leurs enfants, c'est le cri de la nature, c'est le besoin de leur cœur; et c'est cet amour, toujours vivant au cœur des pères et mères, qui est le plus puissant mobile des dévoûments et des sacrifices que réclame d'eux le ministère de l'éducation. Aussi est-il loin de ma pensée de prétendre qu'un père doive toujours montrer à l'enfant un front sévère, ne jamais sourire à ses caresses, ne rien pardonner à la légèreté de son âge et révolter sa bonne volonté par des rigueurs tyranniques. Un pareil système d'éducation ne pourrait que dégrader et abrutir l'âme : il la fermerait sans retour à tous les sentiments honnêtes, en donnant à l'autorité les formes d'un despotisme cruel et odieux.

» Mais autant il convient de réprouver ce despotisme, autant convient-il de condamner les illusions et l'aveuglement d'une coupable tendresse, qui ne voit que des qualités dans l'enfant, ou qui, lorsqu'elle y voit des défauts, n'a pas le courage de les réprimer.

» Il y a sans doute des qualités charmantes dans l'enfant ; il y a les plus heureux germes de toutes les qualités et de toutes les vertus ; il y a dans ces cœurs vierges les instincts les plus généreux qui ne demandent qu'à être développés et bien dirigés pour former le caractère et l'homme moral. Mais il y a aussi dans ce même enfant le germe de tous les défauts et de toutes les dépravations.

» Quel amour de l'indépendance et quelle impatience du joug de l'obéissance ! Quelle aversion pour toute discipline, pour tout travail, pour toute règle ! Et puis,

que de nuances délicates à observer ! Ici il s'agit de
fixer une légèreté que rien n'arrête, sinon l'idée des
amusements et du plaisir, une curiosité avide de
tout voir et de tout entendre, une imagination déréglée
qui se nourrit de chimères et qui éloigne l'esprit de
tout travail sérieux ; là, il s'agit d'encourager une
timidité que rien ne rassure, ou de réprimer une assu-
rance présomptueuse que rien n'intimide ; tantôt il
faut aiguillonner une paresse que rien ne réveille ;
tantôt, au contraire, il faut corriger une vivacité que la
moindre contrariété emporte à tous les excès de la
colère. Que faire donc ?

» Il faut voir le mal dans l'enfant, il faut le voir sans
illusion, le combattre sans ménagements et dès le principe, dans son germe. Les vraies mères qui aiment
leurs enfants pour eux-mêmes, non seulement pour le
présent, mais pour l'avenir, comprennent ce devoir,
elles ne craignent pas de corriger, parce qu'elles savent
que de cette répression salutaire dépend le bonheur
de l'enfant, son honneur et la dignité de sa vie. Mais
combien de mères qui ne comprennent plus ainsi leur
mission, et dont la tendresse aveugle, au lieu de voir
des défauts à corriger dans leurs enfants, n'y voit que
des qualités à aduler ! » (1).

Un semblable aveuglement n'a pas seulement pour
résultat de fausser l'œuvre de l'éducation : il la sup-

_______________.

(1) A. Tilloy. *Les fils mal élevés de la famille moderne.*

prime, en la rendant impossible. Aussi est-ce un défaut contre lequel il importe que les parents mettent tous leurs soins à se prémunir. L'amour qu'ils portent à leurs enfants, s'il est véritable, les y aidera. Il faut qu'ils les aiment assez, non pas pour se persuader qu'ils sont bons, mais pour travailler à les rendre tels.

XIII

Les parents aveugles

Il n'est pas rare d'entendre certains parents formuler des appréciations de ce genre : « Cet enfant n'a aucun vice ; vous ne sauriez croire jusqu'à quel point il est innocent. Il est doux et rangé comme une fille. » Je suppose qu'il s'agit d'un garçon. S'il est question d'une fille, on prend un autre terme de comparaison : on en fait un ange, pour garder la proportion.

Celui qui entend ces appréciations, s'il est naïf, ne peut qu'en être grandement édifié. « Heureuse mère ! Heureux parents ! se dit-il. » Mais ce n'est qu'une première impression. La réflexion vient vite et les éloges que l'on continue à décerner à ce prodige de vertu, le ton convaincu avec lequel on les débite, finissent par inspirer des doutes à l'esprit le mieux disposé.

Est-il possible! se dit-on. Mais quoi ? est-ce que cet enfant ne porte pas, comme les autres, la flétrissure du péché originel ? Est-ce que ce péché n'a pas déposé dans son âme, comme en tant d'autres, des germes mauvais, qui ont dû se développer tout naturellement ? Est-ce que cet enfant serait plus extraordinaire que tant de saints, de héros, de grands hommes, chez lesquels la fécondité déplorable des mauvais germes a donné lieu à de rudes combats et à des répressions sévères ? » On n'a jamais eu de reproches à lui faire, disent les parents. Non, cela n'est pas croyable, et il faut avoir sur les yeux le bandeau de l'affection maternelle pour l'admettre. Décidément, ou bien les parents ne connaissent pas les défauts de leur enfant, ou bien ils veulent m'en faire accroire.

Eh bien ! non, les parents ne connaissent pas les défauts de leur enfant, et pour une bonne raison, c'est qu'ils ne cherchent nullement à les connaître. Demandez à cette mère qui vient de vous faire un si bel éloge de son fils ou de sa fille, demandez-lui quel usage elle a fait jusqu'ici de son autorité vis-à-vis de ses enfants ; quels ordres elle leur a donnés ; quels sacrifices elle leur a demandés ; quels devoirs elle leur a appris à remplir. Ces enfants n'ont jamais désobéi ; je le crois bien : elle ne leur a jamais commandé. Ils n'ont jamais rien refusé ; mais on ne leur a jamais non plus rien demandé. Leurs devoirs, ils les ignorent, et c'est le motif pour lequel ils ne s'en trouvent pas gênés. En d'autres termes, ils n'ont pas eu l'occasion de se montrer rebelles, et toute leur vertu se réduit à n'avoir jamais éprouvé de contrariété. Voilà l'explication du jugement porté par la tendresse maternelle. N'attendez pas des parents qu'ils aillent au-devant des déceptions que pourrait leur réserver la mise à l'épreuve de ces vertus faciles.

Cependant, ce n'est pas tout. Non seulement les parents ne cherchent pas à connaître les défauts de leurs enfants, mais lorsqu'on les leur découvre, ils refusent d'y croire. Cette vérité qu'ils ne cherchent pas, leur arrive parfois par les personnes du voisinage. C'est un enfant bien violent, dira-t-on. Là dessus la mère se récrie et prétend qu'il est à la maison doux, facile et caressant. — On le trouve dissipé et étourdi. Quelle erreur ! ce n'est qu'une vivacité naturelle à son âge. — Fait-il des rapports : il est cru sur parole. — Vient-on prétendre qu'il a menti : la mère se fâche et réplique d'un ton piqué : « Mon enfant peut avoir ses défauts comme les autres, mais il y a une chose dont je réponds : c'est qu'il n'a jamais menti ».

Parents crédules ! Mais votre enfant ment tous les jours et depuis longtemps ; il ment à ses maîtres pour s'excuser d'une absence non motivée, d'un devoir non fait ; il vous ment à vous-mêmes chaque fois qu'il a intérêt à vous tromper, soit pour dissimuler ses relations suspectes, soit pour se faire pardonner ses dépenses exagérées. Votre confiance accroît son audace et assure le succès de ses petites intrigues. Quoi ! votre enfant ne ment jamais ! Avez-vous donc oublié la parole du

Psalmiste qui déclare que *tout homme est menteur* (1).
Ne l'avez-vous pas constaté par votre expérience personnelle ? Ne vous souvenez-vous déjà plus de tant de
circonstances où vous n'avez pas craint de donner des
entorses à la vérité ? Ah ! votre enfant vous ressemble
sur ce point, et sa vertu n'est pas plus que la vôtre à
l'abri des défaillances. Non seulement il vous ment,
mais il tire vanité de ses mensonges devant ses camarades, il se fait gloire du succès de toutes les ruses, de
tous les expédients qu'il emploie pour surprendre votre
bonne foi et abuser de votre téméraire confiance.

____

(1) Ps. CXV, 11.

XIV

Les parents insouciants

Parfois la vérité arrive aux parents qui ne la cherchent pas, par des bouches plus autorisées que celles de simples connaissances. C'est le pasteur de la paroisse, c'est un maître, une maîtresse, un ami dévoué, qui, dans l'intérêt même de l'enfant, entreprend de faire ces pénibles confidences. Que de précautions pour aborder ce sujet délicat ! On rappelle discrètement les titres qu'on croit avoir à la confiance des parents, l'affection qu'on porte à l'enfant, l'autorité d'une longue expérience, que sais-je ?

Vains efforts ! dès qu'on arrive au fait, il n'y a pas de précautions ni de titres qui fassent accepter la vérité. Ah ! s'il ne s'agissait que de signaler aux parents leurs propres défauts, ils vous écouteraient peut-être. Mais vous touchez à leurs enfants : non, non, vous êtes mal venus d'en dire du mal. Pauvres chérubins !

Vous y mettez les formes cependant et, sans rien affirmer, vous débutez par de timides insinuations : « Cet enfant est peut-être un peu vif. » — Oui, s'écrie la mère ; mais il a un cœur d'or ! — Vous citez un trait d'insolence. — Ah ! il a la répartie si prompte ! — Vous exprimez quelques craintes sur ses conversations, ses compagnies. — Oui, c'est cela. S'il y a quelque chose à reprendre, c'est assurément de la part de ses camarades ou de ses compagnes. C'est la faute des autres, ce n'est pas la sienne.

Les autres, voilà les vrais coupables aux yeux des parents : ils sont les seuls. Il est vrai que ces autres sont précisément les camarades, les compagnes, toutes les personnes enfin que les parents ont agréées pour entretenir avec leurs enfants les relations de l'amitié. *Les autres*, ce sont les amis choyés par les parents, parce qu'ils étaient bien vus de leurs enfants. Mais la logique maternelle n'y regarde pas de si près : le principal est de sauver le cher ange de tout soupçon désavantageux. A quoi serviraient les amis, si on ne pouvait pas leur mettre sur le dos ce qu'on n'aime pas à porter sur le sien ? D'ailleurs *les autres* en font autant. Dans la maison voisine, on tient le même langage : ce sont encore les autres qu'on rend responsables de tous les méfaits reprochés à l'enfant de la maison. C'est une balle qu'on se renvoie par-dessus la tête du grave personnage qui a cru rendre service en attirant l'attention des parents sur les défauts de leur enfant. Soyez tranquille, on ne l'y reprendra plus.

Avec de tels préjugés, la correction est un devoir qui devient sans objet ; il n'y a pas lieu à la correction là où on ne trouve rien à reprendre. C'est ainsi que les parents se voient déchargés du devoir dont l'accomplissement coûte le plus à leur tendresse.

La vigilance n'a pas davantage lieu de s'exercer ; on ne veille pas sur une plante qu'on croit pleine de vie, pleine de force et capable de résister à l'orage. On ne veille pas sur une lampe qui paraît alimentée par une huile abondante et qui semble jeter une lumière étincelante. L'idée avantageuse que les parents se font de la vertu de leurs enfants, les décharge de tout souci. C'est d'ailleurs ce qu'ils demandent, car les inquiétudes ne valent rien à la santé et troublent la digestion. Au fond de tout cela il y a un profond égoïsme, un grand amour du bien-être, une vive horreur de la gêne, en même temps qu'un sentiment de tendresse fort mal compris. C'est ce qui achève d'expliquer la tranquillité béate dans laquelle se complaisent bon nombre de parents.

Cette douce quiétude ne dure pas toujours. Il est des circonstances qui la troublent, des faits qui obligent à reconnaître qu'on prêtait à l'enfant des vertus qu'il n'a pas. Que diront les parents le jour où ils verront leur fils compromettre son avenir, ruiner sa santé et perdre son honneur par le libertinage ? le jour où ils verront leur fille devenir, par une faute honteuse, la fable du public ?

Ce qu'ils diront ? Ah ! vous le savez comme moi. Ils

diront qu'il y a dans le monde beaucoup de gens qui ont commencé comme cela et qui sont pourtant d'honnêtes gens. Ils trouveront que leurs enfants ont gardé quelque retenue dans leurs débordements. Ils les compareront à tels et tels autres enfants qui ont fait pis encore, et s'estimeront fort heureux de constater que les leurs occupent une place avantageuse sur l'échelle du déshonneur. En un mot, ils en prendront leur parti, ils se résigneront avec une facilité surprenante pour quiconque n'a pas l'expérience de ces volte-face de la tendresse maternelle. Dans tous les cas, ils se garderont bien d'infliger le moindre blâme à leurs enfants.

D'ailleurs, l'amour qu'ils ont pour le repos ne leur permet pas de sortir de la tranquillité si douce dont ils ont joui jusque-là. Ce second motif s'ajoutera au premier pour mettre l'enfant coupable à l'abri de toute répression, pour le protéger même contre tout reproche. La mère qui n'a pas eu assez de foi et de courage pour imiter Blanche de Castille et pour dire à son fils : « Mon fils, j'aimerais mieux vous voir mort que de vous savoir coupable d'un péché mortel » ; cette mère-là ne connaîtra pas les larmes et les douleurs d'une Monique, elle ne fera rien pour amener à la pénitence son Augustin égaré.

XV

Les dangers qui menacent l'enfant

Aveugles sur les défauts de leurs enfants, les parents ne le sont pas moins sur les dangers auxquels ils les laissent exposés.

« J'admets volontiers que les pères de famille désirent faire de leurs fils d'honnêtes gens, des hommes de conscience. Mais ce qui leur manque pour atteindre ce but si louable, c'est la plus faible dose du plus vulgaire bon sens. Tel père croit volontiers à la vertu de son fils et s'imagine qu'il peut braver impunément les plus dangereux contacts, les plus troublants spectacles, les entretiens les plus équivoques. Les autres fils peuvent y perdre leur vertu ; mais son fils, jamais. Tout ce que voient les yeux de ce fils, tout ce que ses oreilles entendent, tout ce que son intelligence saisit, se purifie instantanément » (1). Pénétré de cette agréa-

---

(1) A. Tilloy. *Les fils mal élevés de la société moderne.*

ble et présomptueuse conviction, ce père naïf n'hésite pas à livrer son héritier à toutes les excitations dépravantes, à tous les dangers.

Ces dangers, c'est parfois au foyer domestique qu'ils se rencontrent.

Les rapports entre les frères et sœurs doivent être de la part des parents l'objet d'une vigilance particulière. Nous ne pouvons pas tout dire ici. Ce qui est certain, c'est que beaucoup d'enfants trouvent au sein de la maison paternelle, dans les choses que leurs parents, par un inconcevable aveuglement, tolèrent, permettent, ordonnent même, la cause première de leur précoce corruption et peut-être de leur perte éternelle.

Veillez, de plus, sur les rapports de vos enfants avec les domestiques des deux sexes; sur leurs rapports avec les autres membres de la famille, à quelque degré que ce soit; sur leurs rapports avec les amis qui viennent vous voir. Ayez confiance en tout le monde, en général, et défiez-vous de chacun en particulier.

Combien y en a-t-il, parmi vos connaissances ou même vos proches, quelque bonne idée que vous ayez de leur probité, à qui vous voudriez confier la clef de votre coffre-fort ? Ils seraient bien vite comptés, n'est-ce pas ? Et nous comprenons cette prudence au sujet de votre fortune. Mais vos enfants ont-ils moins de valeur pour vous ?

Autant que possible, ayez-les toujours sous les yeux. Qu'ils sachent au moins qu'ils peuvent être vus et entendus. Ne les enfermez jamais, surtout deux, dans une chambre. Ne les laissez jamais longtemps seuls au logis, n'y en eût-il qu'un.

Votre surveillance doit les suivre hors de la maison. Vous devez toujours savoir où ils sont et ne les jamais laisser aller quelque part que ce soit sans votre permission. Il importe que vous sachiez quels sont leurs amis, leurs compagnes ; et, s'ils sont vicieux, vous devez les éloigner impitoyablement, dût-il en résulter de la froideur ou une rupture entre les familles. Avant tout, le bonheur et le salut de vos enfants.

Prenez garde de laisser à leur portée des livres ou des journaux dangereux. C'est dans ces lectures qu'en votre absence, alors qu'ils ne sont plus surveillés, ils iront puiser une science précoce qui leur sera funeste. C'est dans ces lectures, qui ne sont pas de leur âge, qu'ils perdront cette candeur et cette innocence, dont le reflet donnait tant de charme et de douceur à leur regard. Furtivement ils en font la pâture de leur esprit, et le scandale de nos mœurs actuelles déflore et ravage leur cœur.

Ecoutez cette conversation risquée que se permet devant vos enfants cet invité, ce voisin, ce parent. Peut-être l'avez-vous provoquée par une parole imprudente : ayez au moins le courage de la faire cesser par une réserve éloquente, de la détourner d'une manière habile, d'y couper court, s'il le faut, par une parole ferme et une attitude résolue.

Ah ! mères de famille, ce n'est pas sans raison que

Dieu vous a douées de plus de finesse, de plus de tact, d'une perspicacité qui devine ce qui échappe au regard. Servez-vous de ces dons pour découvrir le mal secret qui menace l'innocence de votre enfant, et pour appliquer d'une main sûre et délicate le remède qu'il réclame. Quand le regard de l'enfant, d'abord vif et limpide, reflétant tout l'éclat de son innocence, commence à se troubler et qu'il ne sait plus soutenir le regard de ses parents, dites-vous à vous-mêmes que, probablement, l'ennemi a pénétré dans la place. Prenez bien garde alors d'effaroucher l'enfant. Tâchez, au contraire, de gagner sa confiance par un redoublement de tendresse et de bonté, afin qu'il vous ouvre son cœur. C'est ainsi que la vertu sera par vous défendue et protégée dans l'âme de vos enfants et que vous assurerez dans leur cœur le règne de Dieu.

XVI

Les parents faibles

Certains parents ne connaissent pas les défauts de leurs enfants, ils ne cherchent pas à les connaître, et lors même que des voix autorisées leur découvrent ces défauts, ils refusent de se rendre et de convenir de la justesse des observations qui leur sont faites. C'est une première cause des éducations manquées.

Il en est une autre. A côté de l'aveuglement, il y a la faiblesse. Par faiblesse les parents demeurent inactifs et muets en face des défauts qu'ils observent : ils s'abstiennent de tout reproche, de toute répression. C'est une seconde cause des éducations manquées, que nous allons mettre en évidence.

L'éducation, je vous l'ai déjà fait remarquer, est une œuvre d'autorité en même temps qu'une œuvre d'amour. Ce sont là deux forces, qui, loin de s'exclure, comme on le croit trop souvent, s'entr'aident et sont comme les deux aspects, l'un plus séduisant, l'autre plus austère, de la puissance dont Dieu a investi les parents. Bien que l'autorité et l'amour doivent rester toujours unis, il y a des heures où il convient tantôt à l'une, tantôt à l'autre, de s'affirmer davantage. Lorsque le mal se révèle et afin d'en arrêter les progrès, il appartient à l'autorité de rappeler ses droits ; c'est le moment de faire preuve d'énergie.

Mais la première condition pour vouloir est de savoir ce qu'on veut. Or, beaucoup de parents ne le savent pas. Ah ! s'ils s'inspiraient des principes d'une éducation franchement chrétienne, ils le sauraient bien : la foi leur tracerait d'une manière très nette la conduite à tenir. Mais on ne se sent pas le courage d'exiger plus de l'enfant qu'on ne veut donner soi-même ; on préfère ne point faire appel à ces principes religieux, en face desquels on se sent mal à l'aise, et pour cause. On fuit ces vérités qui sont trop lumineuses. On cherche, en dehors d'elles, une formule d'éducation plus élastique, susceptible de laisser un peu plus de large à certaines habitudes qui s'accommoderaient mal de principes trop austères. On s'inspire d'une morale tout à la fois sentimentale et utilitaire, dans laquelle on s'efforce de concilier les besoins de l'affection avec les intérêts de l'enfant. Au fond, on ne sait pas ce qu'on veut.

L'enfant, lui, le sait bien. C'est une supériorité incontestable qu'il a sur ceux qui devraient le diriger et qui fait qu'il reste maître. Ce qu'il veut, c'est qu'on donne satisfaction à ses inclinations, c'est qu'on se soumette à ses caprices. Il n'a pas, comme ses parents, la préoccupation de concilier les réclamations des sens avec la voix du devoir ; il n'a cure d'intérêts qu'il n'est pas à même d'apprécier. Sa volonté est claire ; elle s'affirme avec netteté et fait céder les prétentions mal appuyées d'une autorité qui n'ose faire appel aux principes religieux et à la conscience.

Beaucoup de parents ne savent pas ce qu'ils veulent. Il y en a qui le savent néanmoins ; mais ils n'ont pas l'énergie nécessaire pour imposer leur volonté. Ce sont des théoriciens parfaits : ils parlent d'or. A les entendre, on croirait que leurs enfants sont les mieux élevés du monde. Il n'en est rien. Dans la pratique, ces théoriciens se montrent médiocres. On retrouve ici ce qu'il n'est pas rare d'observer en maintes occasions : les plus beaux parleurs sont rarement les meilleurs ouvriers. Une fois mis en face de la plaie qu'il faudrait guérir, ces malheureux parents n'osent plus agir. Ou bien ils se défient d'eux-mêmes, et ils ont tort, puisqu'ils s'inspirent des vrais principes et qu'ils ont reçu de Dieu qualité pour en faire l'application. Ou bien ils ont peur de faire souffrir le patient et ils sacrifient à cette crainte déraisonnable la santé morale de leur enfant. Cette seconde explication est celle qui se vérifie dans la généralité des cas. La faiblesse des parents n'est le plus souvent qu'un sentiment d'affection mal compris, qui paralyse les meilleures intentions et rend stériles, dans la pratique, les conceptions les plus hautes et les plus vraies de l'œuvre par excellence, l'œuvre de l'éducation.

Sous l'empire de cette timidité ou de cette crainte, il n'est pas rare de voir les parents rejeter l'un sur l'autre la responsabilité des décisions à prendre : « Si tu n'es pas sage, dit la mère, je le dirai à ton père ». — « Si tu n'es pas sage, s'écrie celui-ci, je le dirai à ta mère. »

Et quoi ! parents faibles, est-ce que cet enfant n'est pas vôtre à tous deux ? N'avez-vous pas *tous deux* autorité sur lui ? Ne devez-vous pas unir vos efforts pour travailler *de concert* à son éducation ? Que vous manque-t-il à chacun pour le faire ? L'autorité nécessaire, vous l'avez ; et si vous ne l'avez pas, personne ne l'aura.

XVII

Les expédients employés par les parents faibles

A quelles industries pitoyables n'a-t-on pas recours pour obtenir des enfants par crainte ce qu'on ne sait pas leur imposer au nom sacré du devoir?

C'est d'abord quelque fantôme ou quelque grand mot vide de sens. C'est le tambour ou le gendarme qui passe, l'étranger à la figure effrayante ou sévère, qui emportera l'enfant dans sa poche, le loup qui est là, derrière la porte, et n'attend qu'un signe pour s'élancer. On rencontre même des parents assez sots pour faire du prêtre, du curé, un épouvantail pour leurs enfants : j'ai été témoin d'un fait de ce genre, absolument révoltant.

Pourquoi ces inventions ridicules ou stupides?

Tout simplement parce qu'on n'a pas le courage, l'énergie suffisante pour imposer son autorité. On fait appel à une aide imaginaire, dont l'influence durera aussi longtemps que l'illusion, mais qui, au lieu de la notion du devoir, ne donne à l'enfant qu'un sentiment de crainte sans profondeur et sans durée.

Que faire quand cette crainte aura disparu?

On aura recours à l'autorité d'un maître; c'est la suprême ressource. Dans les familles riches, lorsque l'enfant est devenu absolument insupportable, on dit : « Il est temps de le mettre en pension. » Entrez dans la maison du pauvre et de l'ouvrier, vous entendrez, à peu de chose près, le même raisonnement : « Ah ! tu n'es pas sage à la maison : eh bien, nous allons t'envoyer à l'école. »

Pauvres maîtres ! Pauvres maîtresses ! Pauvres martyrs de la sottise et de la faiblesse des parents, ah ! je vous plains ! Mais je plains surtout ceux auxquels on a enlevé le droit de se réclamer de Dieu et qu'on livre sans défense aux caprices de ces petits monstres.

Avec quoi voulez-vous donc que l'on bride les instincts déchaînés de cet enfant qui n'a jamais été corrigé, sinon avec la crainte de Dieu, la crainte du jugement, la crainte de l'enfer? Et s'il n'est pas permis de lui inspirer ces craintes salutaires, que faire?

Il n'y a qu'à céder au torrent, à laisser s'achever l'œuvre de démoralisation si bien commencée. Les fruits, vous les connaissez : ils s'étalent tous les jours dans nos feuilles publiques, à l'endroit où l'on rend compte des affaires de police correctionnelle et de cour d'assises. Sans doute les choses ne vont pas toujours aussi loin; cela tient à ce que beaucoup de crimes échappent à la justice humaine ou à ce que l'occasion ne se présente pas toujours de les commettre. Mais l'homme est partout le même, et, du moment qu'on l'abandonne sans frein à ses mauvais instincts, il est inévitable qu'il se porte aux derniers excès.

« Remarquez que nous ne demandons pas la violence, mais la force; les éclats bruyants ni les réformes pompeuses qui ne durent qu'un jour, mais la gravité douce et surtout persévérante. Voulez-vous redresser cette nature qui commence à s'égarer : point de coups ni de verges, si ce n'est dans des cas très graves; peu de discours, mais une parole nette, ferme, précise ; mais de la volonté, encore de la volonté, toujours de la volonté; la même chose hier, aujourd'hui, demain, toujours, jusquà ce que la goutte d'eau creuse la pierre et y grave la forte empreinte de votre image. Elle cèdera alors, cette volonté capricieuse et légère, mais encore flexible, parce qu'on la plie chaque jour, à chaque heure, et qu'on l'incline doucement en la redressant. Imaginez le plus violent caractère : il s'apaisera devant cette influence qui ne cède jamais, qui ne recule point, qui n'a pas un seul instant la pensée d'abdiquer. Ce fut l'immortel honneur de Fénelon et le prodige du grand siècle. Le duc de Bourgogne avait reçu de la nature un esprit distingué et un cœur sensible, mais les vivacités de son tempérament en avaient fait le fléau de la cour. A sept ans, il passait pour indomptable.

Fénelon l'étudia, le forma, le redressa cependant, aux applaudissements de la France entière. Et voulez-vous savoir son secret ? Il avait établi autour du duc de Bourgogne la conspiration du silence. Les jeunes princes ses frères, ses maîtres, ses valets avaient l'ordre de pas lui parler quand il s'abandonnait à ses emportements. Le duc ne voyait plus alors autour de lui que des visages glacés et des bouches muettes. Sa colère passée, il comprenait cette grande leçon et il allait se jeter aux genoux de son maître pour reconnaître ses torts. Quelle simplicité et quelle grandeur dans cette réprimande silencieuse ! Parents qui m'écoutez, parents idolâtres de votre sang, eh bien ! ce traitement royal est-il trop dur encore pour le petit roi de votre demeure ? Vous êtes trop souvent ses courtisans et peut-être ses domestiques. Soyez donc aussi ses maîtres et réprimandez-le en vous taisant, à l'exemple de Fénelon. Taisez-vous, comme l'illustre archevêque, aujourd'hui, demain, pendant huit jours, pendant un mois, s'il le faut. Taisez-vous, puisque vous ne parlez que pour ennuyer ou aigrir, ou, ce qui est pis, pour caresser, pour flatter et pour perdre. Taisez-vous jusqu'à ce qu'on ait demandé pardon, versé des larmes, plié les genoux. Et votre enfant se corrigera, si cette réprimande est forte, digne, persévérante » (1).

____

(1) Mgr Besson. *Le Décalogue.*

XVIII

Les parents qui craignent leurs enfants

Il n'est pas rare de voir des parents qui n'osent pas faire à leurs enfants la réprimande qu'ils méritent, confier leur embarras aux maîtres ou aux pasteurs, et les prier de faire à leur place ce qu'ils redoutent de faire eux-mêmes. « Gardez-vous bien, ajoutent-ils, de dire que cela vient de moi, car si mon fils ou ma fille le savait, je perdrais son affection, je n'aurais plus sa confiance ».

Quel abaissement ! Quelle honteuse politique ! On capitule devant le devoir par crainte de déplaire. La crainte de perdre l'affection de l'enfant, fait qu'on cesse de mériter son estime. Car le plus souvent l'enfant a assez de droiture pour rendre justice à ceux qui le reprennent, et s'il témoigne un peu d'humeur ou d'irritation à la suite d'une observation justifiée, il en reconnaît plus tard le bien-fondé et ne garde pas rancune à des parents qui ont rempli leur devoir.

D'autres espèrent, en employant des intermédiaires, obtenir un meilleur résultat. Vous connaissez ce dialogue, qu'on pourrait prendre pour une boutade, mais qui n'est, malheureusement, que la reproduction fidèle de la réalité. Un père, mécontent de la conduite de son fils, va trouver un ami : « Tu ne pourrais pas, lui dit-il, faire quelques observations à mon fils sur sa conduite ? » — « Mais, répond l'ami, pourquoi ne lui parles-tu pas toi-même ? — « Oh ! moi, reprend le père, je n'ai pas d'autorité sur lui ; je suis son père ! »

Il serait difficile de faire une critique plus mordante et plus vraie de ce qui se passe actuellement dans les familles. Tout le monde exerce une influence sur les enfants ; oui, tout le monde, sauf les parents.

Voilà, pères et mères, le résultat de votre faiblesse. Cette autorité que vous vous refusez à exercer au nom de Dieu, dont vous la tenez, devient illusoire et caduque. Le sceptre tombe de vos mains trop débiles pour le garder, et il gît à terre, inutile et méprisé. Parfois il est ramassé par l'enfant, qui s'enhardit jusqu'à exercer sur vous l'autorité que vous n'avez pas su exercer sur lui. Quoiqu'il en soit, il grandit à sa guise, ne connaissant ni Dieu ni maître ; car, avec le respect et l'obéissance qui étaient dus aux représentants de Dieu, il a perdu le respect de Dieu lui-même.

Hélas ! ce n'est pas là un mythe. Le tableau que je trace en ce moment n'est pas inventé à plaisir. C'est la peinture exacte de ce qui se passe à notre époque dans les trois quarts des familles, sans excepter celles qui se disent chrétiennes.

En présence d'une situation qui accuse si clairement la faiblesse des parents, ceux-ci cherchent à se disculper. « Je voudrais bien, dit le père ou la mère, élever mon enfant comme il faut. Mais lui ne veut pas, il ne voudra pas suivre mes avis. »

Mais pourquoi, malheureux parents, avez-vous autorité sur vos enfants, sinon pour arrêter la ligne de conduite qu'ils doivent suivre et la leur imposer?

D'autres prétendent que l'enfant est trop âgé : il a quinze ans, ou même il vient de faire sa première communion. Il est maître de ses actions ; on ne peut plus le contraindre.

Rappelez-vous donc votre enfance, votre jeunesse. Est-ce que vos parents à vous ont abdiqué leurs droits le jour où vous avez eu quinze ans? Ils vous reprenaient, n'est-il pas vrai, lorsqu'il le fallait, et c'est grâce à ces réprimandes que vous êtes devenus d'honnêtes gens et de bons chrétiens?

Oui, mais les mœurs sont bien changées.

Et qui les a changées? Ce n'est pas votre père, puisqu'il vous a bien élevé. Ce n'est pas votre enfant, qui n'est pas encore formé. C'est donc vous qui négligez de travailler à cette formation, vous qui avez peur, vous qui capitulez avant même d'engager la lutte.

Mais peut-être n'êtes-vous pas non plus ce que vous devriez être. Cherchez-en la cause. Ne serait-ce pas que l'éducation a manqué et que vos parents n'ont pas su remplir le rôle providentiel qui leur incombait vis-à-vis de vous ? Dans ce cas, profitez de la leçon qu'ils vous donnent indirectement et gardez-vous bien de commettre, à l'égard de vos enfants, la faute qu'ils ont commise à votre égard. A vous d'éviter les défauts où ils sont tombés ; à vous de montrer de la fermeté, d'avoir des principes invariables et de les faire observer sans faiblesse. Par ce moyen, vous formerez des hommes, des femmes dignes de ce nom. Autrement vous n'arriverez qu'à augmenter le nombre de ces êtres inutiles et dangereux qui s'appellent *des enfants gâtés.*

XIX

Les enfants gâtés

Après avoir étudié les causes, nous allons considérer les effets. Nous avons vu par suite de quels défauts une éducation se trouve *manquée*. Nous allons nous rendre compte du résultat qu'amène cette éducation manquée, étudier son produit, aller jusqu'au fond de cet être qui s'appelle un *enfant gâté*.

Voilà un mot qui devrait éveiller naturellement l'idée d'une chose affreuse, lamentable, et qui, par je ne sais quel phénomène étrange, ne provoque qu'un sentiment indulgent et moqueur. C'est un indice de la dégradation morale dans laquelle nous sommes tombés, que tout ce qui rappelle une flétrissure de la femme, de l'enfant ou de la famille, au lieu d'inspirer la tristesse, ne fait qu'éveiller le rire. Aussi faut-il juger de ces choses par ce qu'elles sont en elles-mêmes et non par l'idée que s'en fait un monde léger et corrompu. Comprenez donc bien tout ce qu'il y a dans cette expression : *enfant gâté*.

Gâter un **enfant**, c'est d'abord manquer au respect qui est dû à la dignité de sa nature. On ne respecte plus les enfants; on ne respecte pas davantage la femme et, pour tout dire en un mot, on ne respecte rien de ce qui est faible. Nous en sommes revenus, dans notre siècle de lumière et de civilisation, à n'avoir plus d'égards que pour ce qui nous fait peur, à ne nous incliner, comme les Barbares, que devant ce qui est plus fort que nous. Notre-Seigneur nous a cependant appris qu'il y a des faiblesses infiniment respectables, et l'enfant est une de ces faiblesses-là. Malheur à ceux qui scandalisent l'un de ces petits ! Malheur à ceux qui sont pour eux des occasions de chutes. Que dire de ceux qui les gâtent ?

Gâter un enfant, c'est défigurer en lui l'empreinte divine, c'est l'amoindrir et l'abaisser en développant dans cette âme encore neuve tous les germes de dégradation morale que le péché y a déposés, en lâchant la bride à toutes les passions naissantes. Quelle œuvre néfaste !

Gâter un enfant, c'est trahir ses intérêts les plus graves et compromettre son avenir en tarissant les sources de l'énergie morale. Un enfant gâté ne deviendra jamais un homme, encore moins un chrétien. Il restera toujours l'être faible, impuissant, des premières années. Les moindres épreuves triompheront de lui. Il est livré sans défense à toutes les tentations, il n'a ni la force suffisante pour rester debout, ni celle qui serait nécessaire pour se relever après ses chutes.

Voilà l'enfant gâté. Trouvez-vous que ce ne soit pas une chose affreuse, lamentable, et comprenez-vous encore qu'on en parle si légèrement ?

Comment donc expliquer qu'il se rencontre tant de parents qui gâtent leurs enfants, et, en dehors des parents, tant d'autres personnes qui paraissent s'en faire un jeu ?

Je n'hésite pas à le dire, il faut attribuer cette manière d'agir à une inintelligence profonde de l'œuvre de l'éducation, ou à un manque de conscience absolu. J'aime à croire que c'est au premier motif qu'il faut demander l'explication de ce phénomène si commun. Mais ce motif même, bien que moins déshonorant que le second, n'est pas à la louange du genre humain. Il prouve une irréflexion, une légèreté qui est grandement répréhensible dans une matière de cette importance.

On rit de l'enfant gâté. Rien n'est pourtant moins plaisant. C'est quelque chose d'effroyable. Le monde leur a donné un nom qui est à lui seul plein d'enseignements ; il les appelle des *enfants terribles*. La justice et la vérité percent dans cette dénomination qui n'inspire pourtant pas, elle non plus, toute l'horreur qu'on devrait concevoir d'un semblable malheur. Car c'est bien aux enfants gâtés que s'applique cette parole du prophète Ezéchiel : « Le lionceau deviendra grand, et il apprendra à dévorer les hommes » (1).

____

(1) Ez. xix, 6.

Cet enfant est si jeune, dit-on. C'est l'affaire de quelques années. Plus tard, on l'élèvera sérieusement.

Ecoutez la réponse que fait l'Esprit-Saint à cette mauvaise excuse : « L'enfant, une fois sa route choisie, ne s'en écarte pas en vieillissant »(1). Tout dépend des débuts : ce sont eux qui décident de la vie entière, qui lui donnent son orientation. C'est ce qui fait l'importance de l'éducation du premier âge. Ces années sont des années décisives, qui ne se retrouvent pas.

Il y a bien des manières de gâter les enfants : on gâte leur esprit par des louanges inconsidérées; c'est ce qui fait les enfants prétentieux et suffisants. On gâte leur caractère, en les laissant faire toutes leurs volontés; de là viennent les natures indomptées et indomptables ; car il ne faut pas espérer plier un jour l'arbre qu'on a laissé croître à sa guise. On gâte le cœur des enfants en s'occupant trop d'eux, en les entourant de soins excessifs, en les idolâtrant. Ainsi se forment les enfants égoïstes, tout occupés d'eux-mêmes, ne voyant rien, n'aimant rien en dehors de leur petite personne.

____

(1) Prov. xxii, 6.

XX

L'enfant mou

Nous avons suffisamment montré, par les aperçus qui précèdent, comment les défauts les plus graves et les plus indéracinables se rattachent aux vices de l'éducation première. On peut résumer en deux mots les conséquences d'une mauvaise éducation : elle développe la mollesse ou l'orgueil de l'enfant. Parlons d'abord des enfants dont on a flatté la mollesse.

Une tendresse excessive a enveloppé l'enfant d'une atmosphère douce et tiède. Il en sort avec les dehors séduisants d'une plante qui a poussé en serre chaude : il est gracieux, insinuant, flatteur. Voilà pour l'apparence. C'est ce qui frappe tout d'abord le regard de l'étranger, et, à moins d'une circonstance fortuite qui oblige le fond à se montrer, on ne verra que cela.

Savez-vous comment on découvre que la réalité ne répond pas au dehors ? C'est lorsqu'on se voit dans la nécessité de résister à l'enfant, de lui imposer sa volonté, d'exiger quelque chose de lui. Oh ! alors, tout change : le masque tombe, la réalité se découvre ; elle le montre chagrin, boudeur, parfois même brutal. Comme le disait un grand évêque, un maître en fait d'éducation, les enfants gâtés sont de vrais petits animaux sauvages, qu'on a apprivoisés. La nature n'a pas changé : on a simplement réussi à la dissimuler, en présentant à leur sensualité des appâts de nature à les satisfaire. Mais essayez de les priver de ces jouissances : la férocité reparaît aussitôt et l'on s'aperçoit qu'on a été victime d'une illusion.

Le tableau n'est pas flatté, c'est vrai ; mais comme il est ressemblant !

Cet âge si tendre est-il donc capable de tant de méchanceté ? Hélas ! oui. « Considérez, disait Fénelon, combien, dès cet âge, les enfants cherchent ceux qui les flattent et fuient ceux qui les contraignent ; combien ils savent crier ou se taire pour avoir ce qu'ils souhaitent ; combien ils ont déjà d'artifice ou de jalousie ! » — « J'ai vu, dit saint Augustin, un enfant jaloux : il ne savait pas encore parler et déjà, avec un visage pâle et des yeux irrités, il regardait l'enfant qui partageait avec lui le sein de sa nourrice. »

Les enfants durs et hautains sont peu aimables : rien ne contraste davantage avec les grâces naturelles à cet âge que la froideur, le dédain, la hauteur. Mais prenez garde, les enfants tendres et caressants ne sont souvent pas moins redoutables ; avec le même fond que les premiers, ils ont en plus le grave inconvénient de faire facilement illusion, en sorte que les plus habiles s'y laissent prendre. Il y a dans l'enfance un charme particulier qui cache à un observateur superficiel bien des défauts. Ces défauts, l'affection et les soins dont on entoure l'enfance, contribuent à les développer. Les parents sont, dans tous les cas, les derniers à s'en apercevoir. N'a-t-on pas dit que l'amour est aveugle ? Et quel amour est plus complètement aveugle que celui des parents ? Mais attendez quelques années ; les grâces de l'enfance disparaîtront une à une, et de cette idole trop cajolée, il ne restera qu'une nature sèche, égoïste, corrompue. C'est effroyable sans doute, mais qui oserait dire que cette peinture est outrée ? Qui n'a pas été à même de constater à plusieurs reprises ce dénouement fatal d'une éducation conduite avec inintelligence et faiblesse ?

Vous me direz peut-être qu'il y a là un grand malheur pour les parents, mais que ce malheur ne constitue pas toujours une faute qui leur soit imputable et dont ils puissent être rendus responsables ; car il n'est pas donné à tout le monde d'être intelligent et fort.

Sans doute. Mais combien de parents faibles et inconsidérés qui jouent avec les caprices et les passions naissantes de leurs fils et de leurs filles, qui s'en divertissent et trouvent cela charmant ! Qu'ils rentrent en eux-mêmes, ces malheureux parents, et qu'ils se demandent devant Dieu, la main sur la conscience, s'ils ont traité cette œuvre de l'éducation avec tout le sérieux qu'elle réclame ; s'ils y ont apporté, par exemple, l'esprit réfléchi et pratique dont ils ont su faire preuve lorsqu'il s'agissait de leurs intérêts matériels, de l'extension de leurs affaires et de la prospérité de leur fortune.

Quant à ceux qui sont encore à même de réagir contre les errements du passé et qui cherchent une ligne de conduite pour l'avenir, qu'ils méditent ces réflexions empruntées à un auteur païen : « Rien ne dispose plus à la colère, dit Sénèque, qu'une éducation délicate et efféminée. L'indulgence avec laquelle on élève certains enfants est une source inévitable de corruption. Que voulez-vous donc attendre d'un enfant auquel on n'a jamais rien refusé ? »

XXI

Les suites d'une éducation molle

Ce qu'il y a de plus triste chez l'enfant gâté, c'est que le mal dont il est la victime est à peu près incurable. Chez l'enfant dont on a flatté la mollesse, il n'y a pas de ressort. Au lieu de ces qualités mélangées de beaucoup de défauts que l'on rencontre chez d'autres, on ne trouve chez celui-ci qu'un fond de lâcheté où toute misère morale est prête à éclore et apte à se développer. Toutes les avances qu'on peut lui faire, tous les moyens d'action qu'une tendresse éclairée suggère d'employer à son égard, se heurtent à un égoïsme sauvage et sensuel, qui répond à la tendresse par la dureté, à la voix austère du devoir par l'horreur de l'effort et du sacrifice.

C'est le cas des enfants qu'on gâte pour cause ou sous prétexte de maladie, d'infirmité, de délicatesse de santé. Je dis : pour cause ou sous prétexte. C'est qu'ici surtout les parents se font bien souvent illusion. Ils attribuent à la faiblesse de la santé ce qui est l'effet de la mollesse du caractère, et le remède qu'ils apportent au mal prétendu, loin de le guérir, ne fait que l'aggraver. Croyez-vous que les soins excessifs ne soient pas grandement nuisibles à la santé ? Cet enfant est délicat : pensez-vous qu'il ne vaudrait pas mieux l'habituer à s'endurcir que d'accroître encore sa faiblesse en l'élevant dans du coton ? Un homme qui jouit à notre époque d'une grande réputation, le docteur Kneipp, l'a jugé ainsi, et le fond de son système n'a d'autre but que d'endurcir les constitutions délicates.

Cependant, il y a des cas où les soins et les précautions s'imposent. Il faut bien céder à la nécessité ; mais rien n'est plus déplorable pour l'enfant que d'être l'objet de ces soins assidus. C'est un mal inévitable ; ce n'en est pas moins un grand mal. Le remède, si remède il y a, le voici : c'est que les parents, avertis du péril, y veillent. Qu'ils évitent tout ce qui peut être évité ; qu'ils n'accordent rien qu'au besoin réel et refusent tout au caprice. Dans une semblable éducation, il est nécessaire de faire preuve de plus de prévoyance, de perspicacité, d'habileté.

Un auteur compare les enfants gâtés à des arbustes nourris de sucs empoisonnés, à des fleurs flétries par des souffles malfaisants. Tout est à refaire dans ces natures. Ce n'est pas une réforme, c'est presque une création nouvelle qu'il faudrait.

Il y a dans la vie de l'enfant un moment unique dont on peut espérer ... up pour cette œuvre de réforme : c'est l'époque de ... emière communion. Servez-vous du motif de la première communion pour engager vos enfants à se corriger de leurs défauts, afin d'être moins indignes de recevoir Celui qui vient. Que l'orgueil, que la colère, que la paresse, que la légèreté, que tous les vices qui se trouvent chez eux en germe, disparaissent pour faire place au Dieu des vertus. Que les montagnes s'abaissent, que les vallées se comblent, que les sentiers tortueux se redressent, que les chemins durs s'aplanissent; encouragez-les bien à la pratique des devoirs de leur âge par le désir de mieux recevoir Notre-Seigneur Jésus-Christ.

Ah ! si les parents étaient assez intelligents et assez chrétiens pour mettre à profit l'action surnaturelle qui, à cette époque de la première communion, tourmente ces âmes d'enfants pour leur bien !... Mais, hélas ! cette dernière ressource est trop souvent gaspillée, et alors, c'est fini : le mal est incurable; l'enfant gâté l'est d'une manière irrémédiable.

Parents chrétiens, mettez tous vos soins à éviter un semblable malheur et, afin de vous y résoudre plus sûrement, méditez ces maximes tirées de nos saints Livres, inspirées par conséquent par Celui qui est la suprême Sagesse : « Celui qui aime ses enfants ne se lasse pas de les corriger » (1). Et cette autre : « Ce n'est pas aimer son fils que de lui épargner les châtiments » (2). Et cette autre encore : « Le cheval qu'on n'accoutume pas au mors devient indomptable ; de même l'enfant abandonné à ses caprices, ne connait plus de frein » (3).

____

(1) Eccli. xxv, 1.
(2) Prov. xiii, 24.
(3) Eccli. xxx, 8.

XXII

L'enfant orgueilleux

Une mauvaise éducation, avons-nous dit, développe la mollesse ou l'orgueil de l'enfant. Nous avons étudié l'enfant mou : parlons maintenant d'une seconde catégorie d'enfants gâtés, de ceux dont on a flatté l'orgueil.

Le premier effet de l'orgueil est de rendre les enfants indociles et de les soustraire à l'influence que devraient exercer sur eux ceux qui ont la mission de les former. C'est donc un vice qui paralyse singulièrement l'œuvre de l'éducation. Quand cette indocilité atteint un certain degré, elle se manifeste extérieurement à l'égard des parents et des supérieurs par de l'impertinence : paroles impertinentes ; attitude, manière d'être impertinente. Nous ne parcourrons pas dans le détail tous les degrés, toutes les nuances de l'impertinence ; notre expérience personnelle a pu nous apprendre que les enfants savent les varier à l'infini et proportionnent très habilement la dose de leur impertinence au degré d'endurance de leurs parents. C'est une étude de mœurs très intéressante à faire... pour les étrangers.

Les enfants chez lesquels la faiblesse des parents a laissé se développer ce défaut-là, sont ce qu'on appelle couramment des *enfants mal élevés*. Bien qu'ils ne soient pas les seuls à mériter ce qualificatif, c'est à eux qu'on l'applique le plus ordinairement. La caractéristique des enfants mal élevés, c'est le sans-gêne. Pas de tenue, pas de tact, pas de savoir-vivre : voilà l'enfant mal élevé, au sens le plus ordinaire du mot.

A l'égard de ses inférieurs ou de ceux qu'il juge être tels, l'enfant dont on a flatté l'orgueil se montre dur, il fait durement sentir sa supériorité prétendue. C'est un oracle qui parle : il faut qu'on l'écoute. C'est un personnage qui commande : il faut qu'on lui obéisse. Avec tous il est vain, suffisant, satisfait de lui-même.

Chose triste à dire, c'est souvent l'orgueil des parents qui excite et développe l'orgueil des enfants. Il y a des parents qui sont contents d'eux-mêmes, et la contagion de l'exemple porte les enfants au même sentiment de vanité et de suffisance. La ressemblance des enfants avec leurs parents s'étend malheureusement jusqu'aux défauts. Vous remarquerez chez les enfants orgueilleux qui tiennent ce défaut de leurs parents, certaines inflexions de voix, certains plis du visage, certaines attitudes prétentieuses, où la filiation des défauts se trahit d'une manière évidente.

Il y a des parents qui, sans être satisfaits d'eux-mêmes, sont fiers de leurs enfants. Ils ont peut-être raison ; mais ils ont le tort de le laisser voir. L'enfant s'en aperçoit et il en conçoit de l'orgueil. Ah ! qu'il faut être sur ses gardes avec ces jeunes yeux et ces jeunes oreilles, et que l'affection des parents doit être vigilante, prudente, réservée, pour ne pas compromettre le cher trésor qu'elle couve de sa sollicitude et de son dévouement !

Il y a enfin des parents qui, toujours par tendresse, sont ambitieux pour leurs enfants. Peut-être eux-mêmes ont-ils été très modestes ; peut-être n'ont-ils jamais songé à sortir de leur condition, à s'élever aux honneurs, à parvenir à la fortune. Mais ce qu'ils n'ont pas désiré pour eux, ils le souhaitent pour ceux qu'ils aiment plus qu'eux-mêmes. Ils ont pour leurs enfants les ambitions les plus folles, les prétentions les plus exagérées. « Seigneur, ordonnez donc que mes deux fils que voici soient assis dans votre royaume, l'un à votre droite, l'autre à votre gauche (¹). Qui est-ce qui formulait ce vœu insensé ? C'était une mère. Notre-Seigneur est indulgent pour elle ; il ne lui répond pas. Mais il se tourne vers ses deux fils, qui partageaient ses vues ambitieuses, et il leur dit : « Vous ne savez ce que vous demandez » (2).

---

(1) Matth. xx, 21.
(2) Matth. xx, 22.

XXIII

Les suites de l'orgueil chez l'enfant

L'orgueil est un penchant qui naît avec nous. L'orgueil d'un enfant perce dans ses yeux, dans ses conversations, dans les moindres détails de sa conduite; il cherche toujours la première place, il ne consent pas volontiers à avoir le dessous, il a mille peines à s'avouer vaincu. S'agit-il d'organiser quelque chose, c'est lui qui distribue les rôles, et il a soin de garder pour lui le plus important. Si on joue à l'armée, il est le général; si c'est au prisonnier, il veut être le juge, à moins qu'il ne trouve plus agréable et plus piquant de faire le gendarme ou de se poser en criminel. C'est un penchant qui se traduit de mille manières et que vous avez pu reconnaître et constater cent fois. Les symptômes varient comme les genres d'orgueil; mais c'est toujours le fond de la nature humaine dès l'âge le plus tendre.

Plus un enfant est une belle et riche nature, plus vous devez éviter que l'orgueil le déprave. Si cette belle nature est une nature forte, capable de grands efforts, persévérante dans ce qu'elle a une fois entrepris, l'enfant deviendra un tyran, un être odieux. Il se croira d'une autre espèce que le reste des hommes, il les méprisera et voudra s'en faire servir. En général, on pliera devant lui pour éviter des éclats ; et s'il vient à rencontrer des résistances qui ne veulent pas céder, il se montrera d'autant plus violent qu'il est moins accoutumé à la contradiction. Mais qu'on lui cède ou qu'on lui résiste, on éprouvera à son égard le même sentiment d'antipathie et d'éloignement. Fatalement il arrivera un jour où, fatigué de ses exigences, on lui fera chèrement payer la servitude dans laquelle il prétendait tenir ses semblables.

Si, au contraire, cette nature riche, malgré sa richesse, est une nature vaine et faible, vous en ferez un sot, parlant de tout à tort et à travers, un fat, un être inutile. L'espèce n'en est pas rare, vous le savez bien. A chaque pas, on rencontre de ces gens parlant haut, contents d'eux-mêmes et incapables de quoi que ce soit.

Une des choses qui contribuent davantage à gâter les enfants, c'est l'agrément qu'on prétend tirer de leur gentillesse et de leur bavardage. On les engage à dire tout ce qui leur vient dans l'esprit, et on les accoutume ainsi à parler sans réflexion et à juger avec précipitation. Il leur reste de ces provocations maladroites comme un besoin de toujours parler et de placer leur mot dans les questions où ils sont le moins capables d'intervenir. En second lieu, les enfants s'aperçoivent par là qu'on les écoute avec complaisance et ils finissent par croire que le monde sera toujours occupé d'eux. C'est une persuasion bien sotte, assurément. Mais qui la leur a suggérée ? Ceux qui, à force de s'occuper de leur petite personne, ont fini par leur faire croire qu'ils étaient intéressants.

Les enfants ne sont que trop portés à concevoir d'eux-mêmes des espérances chimériques. Ils ne se sont pas encore heurtés à la contradiction, aux difficultés de la vie, et ne soupçonnent pas les obstacles auxquels ils se briseront. Ils sont naturellement présomptueux par ignorance des choses dont ils jugent avant de les connaître. Ajoutez à cela que les soins multipliés dont on les entoure les persuadent de leur importance et contribuent à les abuser sur leur valeur.

Comment réagir contre ces causes d'illusions ? En leur montrant que c'est par affection qu'on s'occupe d'eux, à cause du besoin plus grand qu'ils ont de ces soins, étant donné leur ignorance de la vie ; et nullement par le motif qu'ils imaginent, à savoir, l'admiration de leurs qualités prétendues.

Si les illusions des enfants sont grandes, les déceptions qui viennent démentir leurs espérances sont cruelles ; cruelles pour les enfants, cruelles également pour les parents qui les avaient plus ou moins partagées. D'où vient donc que l'enfant promet tant et donne si peu ? En voici, en deux mots, la raison : c'est que l'enfant montre généralement plus d'esprit qu'on n'en attend de lui ; mais, en revanche, on attend de lui plus de jugement qu'il n'en montre par la suite. Or, le jugement est la qualité maîtresse de l'homme ; c'est celle qui décide de son avenir ; c'est celle, par conséquent, qu'il faut s'étudier davantage à développer chez l'enfant. Nouveau motif de combattre son orgueil naissant ; car l'orgueil est le vice qui contribue le plus à fausser le jugement.

XXIV

L'âme de l'enfant

Une âme ! Qui nous en fera connaître le prix ? N'est-elle pas cette perle précieuse dont nous parle l'Evangile, à laquelle celui qui l'a trouvée sacrifie tout ce qu'il possède ? Demandez à Dieu qu'il vous fasse connaître le prix d'une âme.

Reportez-vous par la pensée aux jours de la création. Voyez le Tout-Puissant qui, d'un mot, fait sortir du néant, où elles étaient ensevelies jusqu'alors, les merveilles du monde visible. Tout à coup il s'arrête et se recueille ; il semble qu'il délibère, comme on a coutume de le faire, lorsqu'on s'apprête à accomplir quelque chose d'important et de grand. Vous ne vous y trompez pas : Dieu va créer une âme, et il va la faire à son image et à sa ressemblance.

La voici qui sort toute pure et toute brillante de ses mains divines. Satan, en la voyant si belle, jette sur elle un regard de jalousie et de haine. Hélas ! cette jalousie et cette haine nous furent fatales. Mais lorsque notre âme, victime des mensonges du tentateur et de sa propre faiblesse, sera déchue de sa grandeur native, Dieu ne croira pas trop faire pour la relever de sa déchéance en se sacrifiant lui-même. Il versera ses sueurs et son sang, et c'est à ce prix qu'il nous arrachera à l'empire de Satan.

Après nous avoir ainsi rachetés, que ne fait-il pas pour nous sanctifier ? Pour faire épanouir une fleur, il crée son soleil et répand sa rosée. Pour faire épanouir une âme, il établit son Eglise ; il laisse échapper de son côté ouvert, avec son sang, une source de grâces. Il institue ses sacrements, comme autant de canaux qui doivent répandre sans cesse sur le monde des âmes cette rosée bienfaisante de la grâce ; et il se donne lui-même dans le plus auguste des sacrements, pour travailler personnellement et sans intermédiaire à cette œuvre qui lui tient tant à cœur.

Voilà ce que c'est qu'une âme, même à ne l'envisager que dans sa condition présente, qui est une condition humiliée et déchue. Que sera-ce, si nous la considérons dans la splendeur de cette gloire à laquelle Dieu l'appelle, et dans la participation même de la félicité divine qui doit être son partage ?

Or, dans l'enfant, il y a une âme immortelle prédestinée à cet avenir. En recevant leur enfant des mains de Dieu, voilà ce que des parents chrétiens comprennent, voilà ce qu'ils envisagent tout d'abord, et c'est pourquoi ils accueillent ce présent de Dieu avec un amour mélangé d'une sorte de crainte religieuse : la crainte, que dis-je ? la certitude de n'être que des instruments imparfaits pour une œuvre dont ils comprennent toute l'importance.

Cependant, l'amour l'emporte sur la crainte, et ils puisent dans la grâce du sacrement de mariage et dans les ressources d'un dévouement à toute épreuve le moyen de faire face aux difficultés de la mission qui leur incombe. Laissez-moi rappeler brièvement en quoi consiste cette mission.

J'ai parlé de l'âme de l'enfant et de ses glorieuses destinées. Mais, en attendant, cette âme doit accomplir un difficile voyage à travers la vie. Elle a une œuvre à faire, une œuvre qui constitue sa vocation. Chacun d'entre nous a la sienne, et il y a des vocations très différentes les unes des autres. Mais à toutes les vocations il y a une préparation commune dans la pratique d'une vie véritablement chrétienne, et c'est cette préparation que les parents doivent à leurs enfants.

Dans toute vocation, il y a des vertus à pratiquer, et c'est dès la plus tendre enfance qu'il faut faire l'apprentissage de ces vertus; il est donc nécessaire que les parents aident leurs enfants à les acquérir. La vie, à côté de ses devoirs, a ses épreuves ; elle se déroule, non pas comme quelques-uns aiment à se l'imaginer, dans un jardin de délices, mais dans une vallée de larmes. Il faut donc faire le difficile mais nécessaire apprentissage de la souffrance, afin d'être, en toute circonstance, à la hauteur de ce que Dieu attend de nous. Est-ce tout? Non, ce n'est pas tout. L'Esprit-Saint nous apprend que la vie de l'homme sur la terre est une lutte continuelle ; les chemins que nous suivons sont semés de dangers. L'ennemi des premiers jours, Satan, vaincu une première fois par notre Sauveur, ne désespère pas de prendre sa revanche et de reconquérir son empire sur nous : il nous dresse des embûches formidables ; il a dans nos inclinations mauvaises des complices dangereux ; il est servi par les maximes et les exemples d'un monde dont il est le prince attitré. Pauvre âme ! Comment pourras-tu jamais triompher de tant d'ennemis ?

C'est l'œuvre de l'éducation d'y aider l'enfant, de le prémunir contre ces dangers, de le préparer à ces combats. Des parents chrétiens ne se proposent pas autre chose, et, semblables aux anges invisibles que Dieu a préposés à la garde de leurs enfants, ils ont les yeux fixés sur le visage du Père céleste, les oreilles attentives à sa voix, pour apprendre de lui ce qu'il attend d'eux (1).

______

(1) Matth., xviii, 10.

XXV

La religion est nécessaire à l'éducation de l'enfant

« Peut-on bien élever les enfants sans la religion ?

» Non ; toute éducation d'où le principe religieux est absent ne produira rien de solide ni de grand et n'amènera jamais les enfants à une vertu durable.

» Pourquoi cela ?

» Pour bien des raisons. La principale est que la religion seule fournit à l'enfant des motifs assez puissants pour l'attacher invariablement à ses devoirs. Ceux qui ne sont dirigés dans leur conduite que par la crainte des hommes ou tout autre motif semblable, ne feront le bien que dans certaines circonstances, par exemple, lorsqu'ils seront vus ; hors de là, ils s'abandonneront sans retenue à leurs mauvais penchants.

Au contraire, ceux qui agissent en vue de Dieu se conduiront bien en toute rencontre ; ils n'ont pas plus de raison de s'émanciper lorsqu'ils sont seuls que lorsqu'ils sont environnés de témoins. Malheur donc à ceux qui veulent se passer de la religion dans l'éducation ! Ils bâtissent à côté du fondement ; ils ne feront rien de solide. Ils ne produiront tout au plus qu'un simulacre de vertu qui s'évanouira au premier souffle de la tentation » (1).

La religion est la base de toute éducation vraiment digne de ce nom. Mais cette éducation elle-même, comment se fera-t-elle ?

« Ce qui importe surtout, ce n'est pas le nombre des actes, c'est la manière de les produire. Aux enfants, il faut parler de Dieu et des choses saintes avec un accent de respect et de pieuse affection qui les pénètre jusqu'au fond du cœur. C'est surtout par là qu'on agit efficacement sur leur âme. L'enfant a les oreilles et les yeux ouverts bien avant la raison : il s'impressionne très vivement de ce qu'il voit et de ce qu'il entend... Il n'a sur les choses d'autres idées que celles qu'on lui donne. Si la religion est entourée d'hommages sous ses yeux, il la regardera comme une chose excellente ; s'il voit sa mère se recueillir pour prier et témoigner un profond respect, il ne s'imaginera pas qu'on puisse faire autrement, et il joindra dévotement ses petites

____

(1) P. Tissot. *L'éducation dans la famille et dans les écoles.*

mains pour prier comme elle... Il suffit qu'elle soit pieuse, qu'elle brûle du désir de le sanctifier, qu'elle soit impatiente de lui communiquer les premières semences de la vertu chrétienne : elle y parviendra aisément. L'enfant serré dans les bras et sur le cœur d'une sainte mère reste, en quelque sorte, embaumé des émanations de sa vertu et en reçoit des impressions qui ne s'effaceront jamais » (1).

« Ne peut-on pas, néanmoins, enseigner ses devoirs à un enfant sans lui parler de religion ?

» Non, car la religion est elle-même le premier des devoirs, et l'on ne pourra jamais dire qu'un enfant est honnête s'il manque à payer la dette qu'il a contractée envers Dieu.

» Mais non seulement la religion est le premier des devoirs, elle est encore un secours qui nous aide à remplir tous nos autres devoirs. Car il ne suffit pas de montrer aux enfants ce qu'ils ont à faire, il faut encore et surtout leur donner la force et le courage de s'en acquitter. La religion seule y réussit. La grâce a la merveilleuse propriété de rendre possible et même agréable l'accomplissement des œuvres les plus difficiles.

» Comment donc expliquer l'erreur étrange de certains parents qui semblent craindre que leurs enfants aient trop de religion? Ont-ils peur qu'ils soient trop obéissants, trop chastes, trop équitables, trop géné-

---

(1) P. Tissot. *L'éducation dans la famille et dans les écoles.*

reux ? La religion seule leur apprend ces vertus. Une fois à l'école du Saint-Esprit, les enfants s'élèvent, pour ainsi dire, tout seuls, et grandissent rapidement en aimables et solides qualités. N'a-t-on pas vu de jeunes enfants porter l'amour du devoir jusqu'à l'héroïsme, jusqu'au martyre ? Où trouver, en dehors de la religion, une digue assez forte pour résister aux passions et à l'entraînement des mauvais exemples ? » (1)

La conclusion s'impose : sans religion, pas d'éducation possible.

____

(1) P. Tissot. *L'éducation dans la famille et dans les écoles.*

XXVI

L'éducation religieuse est trop souvent négligée dans la famille

« Cette nécessité de la religion et de la pratique des devoirs qu'elle prescrit est-elle bien comprise aujourd'hui par toutes les familles chrétiennes? Sur ce point important je n'hésiterai pas à dire toute la vérité. Or, la vérité est que l'éducation religieuse de l'enfant dans la famille et par la famille est généralement négligée. Les premières années de l'enfant se passent ordinairement sans qu'il ait rien appris de la religion et des devoirs qu'elle lui impose; c'est à peine s'il connaîtra les formules les plus élémentaires de la prière, dont il balbutiera la lettre sans en rien comprendre. A dix ans, cet enfant, à qui la religion n'a pas encore parlé, consacrera à un cours d'instruction religieuse très élémentaire une heure par semaine. Et c'est sur cette table rase d'une âme restée étrangère à toute notion et à toute pratique religieuse que le catéchiste chargé d'instruire cet enfant devra élever l'édifice d'un christianisme complet et indéfectible.

» Pauvre enfant! La religion ne lui apparaîtra que comme une étrangère et une inconnue, dont le langage lui sera d'autant moins sympathique et intelligible qu'il n'a guère appris à la connaître dans la famille. C'est à peine si, pendant ces deux ou trois ans, distrait qu'il est par ses études et par ses jeux, il aura le temps de retenir la lettre de l'enseignement religieux, d'obtenir une notion telle quelle des principaux mystères de la foi et des devoirs qu'elle lui impose, c'est-à-dire qu'il n'aura acquis que la notion d'une lettre sèche et presque morte, dont le sens aura à peine pénétré son esprit.

» Encore si la connaissance de la lettre était commentée dans la famille par l'enseignement oral d'une mère chrétienne ou par de bonnes lectures; si cette notion par trop sommaire de la religion était fortifiée par les pratiques de la piété qui ont pour effet de développer dans l'âme l'amour de Dieu et de la vertu! Mais la tradition des lectures chrétiennes dans la famille, comme celle de la prière, a généralement disparu du foyer. L'enseignement du journal mondain, de la revue plus ou moins décemment illustrée et du roman y a remplacé l'Evangile, qui ne figure plus guère dans nos salons que sous la forme d'un livre de luxe. C'est ainsi que, le plus ordinairement, l'enfant se prépare à l'acte religieux le plus important de la vie. Quand viendra l'année de la première communion, qui ·verra commencer et finir tout à la fois, pour bien des fils, l'œuvre de l'éducation de l'âme, on donnera sans doute plus de temps à l'enseignement religieux et aux pratiques de la piété. Mais après la première communion, le noviciat de l'éducation religieuse de l'enfant sera considéré comme dûment terminé.

» Dans certaines familles on exigera peut-être que l'enfant suive plus ou moins régulièrement, pendant une ou deux années, un cours d'instruction religieuse ; il renouvellera à des intervalles éloignés sa première communion, moins pour alimenter sa piété que pour obéir aux traditions de l'école ou aux désirs de la famille. Finalement, la seule science qu'il lui importait de bien connaître, la science de la vie et de ses devoirs, le seul culte qu'il lui importait de pratiquer et dont l'observation devrait être la sauvegarde de sa moralité, le culte de Dieu, le respect de sa loi, *l'unique nécessaire* enfin, n'auront figuré que comme l'élément le plus accessoire dans le programme de ses études. Et l'on voudrait que cette courte et sommaire initiation fût suffisante pour faire un chrétien éclairé et convaincu, pour lui donner les convictions qui sont le fondement de la vie morale, pour lui inspirer les sentiments et les vertus qui en sont l'honneur !... » (¹).

____

(1) Tilloy. *Les fils mal élevés de la famille moderne.*

Evidemment, il n'en saurait être ainsi. L'œuvre de l'éducation est une œuvre de haute valeur et qui, pour cette raison, réclame les soins assidus et l'effort persévérant de tous ceux qui sont appelés à y prêter leur concours. Elle réclame surtout une connaissance approfondie de la religion et une pratique habituelle des devoirs qu'elle impose.

XXVII

L'instruction chrétienne

Il est une parole de la Sainte Ecriture qui résume admirablement les devoirs que les parents ont à remplir vis-à-vis de l'âme de leurs enfants. Cette parole, la voici : *Avez-vous des enfants? Instruisez-les et formez-les dès le jeune âge* (1). Qu'on y prenne garde; il y a là l'indication d'une double tâche. L'une concerne l'intelligence de l'enfant : il faut l'instruire. L'autre regarde son cœur : il faut le former. Instruire l'enfant et former son cœur, c'est toute l'éducation chrétienne.

D'abord instruire. — Dès que l'enfant est capable de retenir quelques formules, il faut lui apprendre ses

____

(1) Eccli., vii, 25.

prières : ce sont les premières formules qu'il doit connaître et retenir. C'est là l'instruction qui convient à la
petite enfance. Plus tard vous y ajouterez quelques
notions proportionnées à la faiblesse de cette jeune
intelligence. On peut dire en général que lorsqu'un
enfant ignore ses prières et les principales vérités de
la religion vers l'âge de sept ans, c'est que sa mère a
failli à son devoir par une coupable négligence.

A mesure que l'enfant grandit, son instruction religieuse doit être développée. Vous lui apprendrez à
mieux connaître Dieu, qui l'a tiré du néant. Vous lui
rappellerez fréquemment le but pour lequel Dieu l'a
mis sur la terre, qui est de l'aimer, de le servir et par
là d'arriver à le posséder dans une vie meilleure et
d'être pleinement heureux dans cette possession. Vous
lui apprendrez le prix de son âme ; vous lui parlerez
du péché originel, dont il n'a déjà que trop d'occasions
de constater et de déplorer les malheureux effets. Vous
lui direz tout ce que Notre-Seigneur Jésus-Christ a fait
pour arracher son âme à l'empire de Satan et pour la
sauver. Vous lui ferez comprendre l'utilité de la prière.

Mais est-ce à nous, me direz-vous, qu'incombe le
devoir de donner cette instruction ? — Oui, parents
chrétiens, c'est à vous. A vous d'abord ; car c'est à
vous que Dieu a dit, en vous confiant votre enfant :
Prenez-le et élevez-le pour moi (1). Sans doute les pré-

____

(1) Ex., II, 9.

tres, les maîtres chrétiens, les maîtresses chrétiennes seront vos aides dans cette œuvre ; mais encore faut-il que vous leur confliez votre enfant. Et quand vous le leur aurez conflé, vous ne serez pas pour cela déchargé de toute responsabilité ; il vous appartiendra de contrôler le travail de l'enfant; de provoquer ses efforts. Qui peut le faire avec plus d'à-propos, d'une manière plus utile que vous ?

Ah ! répondrez-vous peut-être, si j'étais moi-même instruit, combien volontiers je remplirais ce devoir ! Mais je ne puis enseigner ce que j'ignore.

Excuse pitoyable que celle-là ! Que diriez-vous du curé d'une paroisse qui s'excuserait de ne pas instruire ses paroissiens, sous prétexte qu'il ne sait pas suffisamment lui-même ce qu'il doit leur apprendre? Vous diriez : mais c'est indigne ! Comment ! Voilà un homme qui est à la tête d'une paroisse, qui est appelé à paître son troupeau, à le diriger dans les voies du salut, et il avoue qu'il est dans l'impuissance de remplir sa mission ! Mais c'est une ignorance coupable que la sienne, une ignorance criminelle !

Fort bien. Appliquez-vous à vous-mêmes ces conclusions. Vous avez charge d'âme. Vous devez donc être instruits, pour vous-mêmes d'abord, et ensuite pour vos enfants ; car vous répondrez devant Dieu et de votre âme et de la leur. Mais si vous n'êtes pas actuellement en mesure de donner par vous-mêmes cette instruction, confiez vos enfants à des personnes qui puissent la leur donner. Que fait une mère qui ne peut allaiter son enfant ? Elle le confie à une nourrice. C'est le rôle que remplissent, vis-à-vis des âmes, les prêtres, les maîtres chrétiens, les maîtresses chrétiennes. C'est ainsi que saint Paul définissait son rôle à lui-même : « *Je suis, disait-il aux Thessaloniciens, comme une nourrice qui prend soin des enfants qu'on lui confie* » (1).

---

(1) I. Thess., II, 7.

XXVIII

La formation à la piété

L'instruction n'est pas toute l'éducation : il faut y joindre la formation du cœur. Les Saintes Ecritures nous offrent, dans la personne de Tobie, un modèle admirable de ce que doivent être les parents à cet égard. « *Il apprit à son fils*, nous disent-elles, *à craindre Dieu dès l'enfance et à fuir le péché* » (1).

Dès l'enfance : on ne saurait commencer trop tôt. Joseph de Maistre a dit : « L'homme moral est déjà formé à neuf ans, et s'il ne l'a pas été sur les genoux de sa mère, il est bien à craindre qu'il ne le soit jamais. »

A l'âge de deux ou trois ans, conduisez votre enfant

____

(1) Tob., I, 10.

à l'église, et apprenez-lui par votre attitude, plus encore que par vos paroles, à respecter la maison de Dieu. Mettez sur ses lèvres les noms de Jésus et de Marie, faites-lui baiser le crucifix, la médaille de la Très Sainte Vierge, faites-lui aimer et désirer le ciel, craindre l'enfer.

On raconte que les premières paroles articulées par saint François de Sales furent celles-ci : « Le bon Dieu et ma mère m'aiment beaucoup. » Pour que ce tout petit enfant en soit venu à les prononcer quand sa langue se délia, que de fois sa mère a dû murmurer à son oreille le nom du bon Dieu et lui parler de son amour infini !

Mon enfant est trop jeune, direz-vous, pour faire pénétrer ces sentiments dans son cœur. Le trouvez-vous trop jeune, pour vous connaître et vous aimer ? Pourquoi voulez-vous qu'il soit trop jeune pour connaître et pour aimer son Père céleste, sa Mère du ciel ? C'est une semence que vous jetez dans cette âme. Sans doute elle ne portera pas des fruits immédiats. Mais une semence n'est pas perdue pour rester quelque temps cachée dans la terre. Il faut qu'elle y demeure avant de germer.

Plus tard vous montrerez à votre enfant Dieu présent partout et vous lui apprendrez à respecter partout sa sainte présence. Vous lui inculquerez l'amour de Notre-Seigneur Jésus-Christ, la dévotion envers la très sainte Vierge. Vous lui apprendrez à respecter les choses saintes, les sacrements, les prêtres, les églises. Vous lui inspirerez la haine du péché. Vous lui inspirerez surtout la haine des péchés qui se commettent le plus habituellement chez les enfants. A l'occasion d'un mensonge, vous lui direz qu'un honnête homme ne doit jamais mentir, et que celui qui trompe les autres ne mérite plus qu'on le croie. A l'occasion d'un acte de gourmandise, vous lui ferez honte d'être ainsi l'esclave de sa sensualité. Vous lui inspirerez l'horreur du vice impur et vous lui enseignerez les précautions à prendre pour éviter tout ce qui pourrait blesser, même d'une manière involontaire, la délicatesse d'une âme chrétienne. Tantôt vous aurez à réprimer un penchant à la colère, et tantôt une propension à la paresse.

Vous inspirerez à votre enfant l'amour de la vertu. Vous lui ferez estimer la droiture en lui montrant que c'est une vertu tout à la fois chrétienne et française. Vous lui enseignerez le prix de l'obéissance, en lui découvrant les motifs élevés où l'obéissance prend sa source. Vous lui direz que l'esprit d'indépendance n'est le plus souvent qu'une lâcheté dissimulée : on ne veut pas se soumettre parce qu'on n'a pas le courage de se vaincre. Vous lui rappellerez que l'Enfant Jésus était soumis à ses parents. Vous lui inspirerez l'amour du travail, en lui montrant qu'il est un trait de ressemblance avec notre divin Modèle. — Vous vous appliquerez à développer chez votre enfant l'esprit de sacrifice. Nous appelons sérieusement votre attention sur ce point, car rien n'expose la vertu des enfants comme la mollesse. Celui qui s'accorde toutes les jouissances permises et non coupables, sera bien faible quand il s'agira de se refuser celles qui sont défendues.

Par tous les moyens vous graverez dans l'esprit de votre enfant cette vérité, que toute la grandeur de l'homme consiste à servir Dieu, selon cette parole de nos saints Livres : *Crains Dieu et garde ses commandements ; c'est là tout l'homme* (1).

----

(1) Eccli. XII, 13.

XXIX

Nécessité du bon exemple

La plupart des parents semblent avoir honte de parler piété et religion avec leurs enfants. On ne saurait dire, à les entendre, quelle est leur croyance, s'ils sont païens ou chrétiens; car quoi qu'ils parlent de tout, jamais leur conversation ne tombe sur Dieu ni sur des choses capables d'instruire et d'édifier. Il arrive même tout l'opposé : on insinue aux enfants, presque sans s'en apercevoir, des maximes fausses et dangereuses, des maximes de haine et de vengeance, d'avarice et d'intérêt, de vanité et d'amour du monde; les conversations, les actions, toute la vie de ces malheureux parents deviennent pour leurs enfants une école de perversion et un enseignement qui les démoralise au lieu de les moraliser.

D'où cela provient-il ? De ce que les parents manquent eux-mêmes de religion et de vertu. La bouche parle chez eux de l'abondance du cœur. Comme leur cœur abonde en idées fausses et en sentiments tout opposés à ceux que la religion inspire, ils sont incapables d'éclairer et d'élever l'âme de leurs enfants. Ils les forment à leur image et défigurent en eux l'image de Dieu.

Tout autre est le langage, la conduite des parents chrétiens. Pénétrés de l'importance de leur mission et de la responsabilité qu'elle leur fait encourir, ils veillent à ne rien dire, à ne rien *faire*, qui puisse mal édifier les âmes qui leur sont confiées.

Et, en effet, si vous voulez que vos leçons profitent à vos enfants, il faut au précepte joindre l'exemple, car l'enfant est beaucoup moins frappé de ce qu'on lui dit que de ce qu'il voit. Son regard scrutateur s'arrête sur la conduite des auteurs de ses jours et, avec une logique terrible, il dit : « Si honorer Dieu et le servir est une bonne chose, pourquoi mon père ne lui rend-il aucun culte et ne fait-il pas même ses prières du matin et du soir ? Si c'est mal de blasphémer, de parler contre la religion et ses prêtres, pourquoi mon père le fait-il ? Si c'est une bonne chose de se confesser et de communier, pourquoi mon père ne remplit-il pas même le devoir pascal ? Si c'est une bonne chose d'aller à la messe les dimanches et les fêtes, d'assister aux offices divins, pourquoi mon père n'y va-t-il pas ? » Si donc votre conduite est en opposition avec votre enseignement, celui-ci ne fera que peu d'impression.

Cela s'explique. De deux choses l'une, en effet : ou bien vous croyez ce que vous dites, vous êtes sincères ; alors, en mettant votre vie en opposition avec vos convictions, vous faites preuve d'un manque de courage. Ou bien vous ne croyez pas ce que vous dites, et alors vous jouez la comédie. D'une façon comme de l'autre, cette opposition entre vos paroles et vos actes ne peut avoir pour résultat que de vous discréditer aux yeux de vos enfants et d'enlever toute autorité à vos avis.

Dites ensuite tout ce que vous voudrez : ils n'en tiendront pas compte. Vous pourrez obtenir par la menace une soumission momentanée ; mais plus tard, une réaction se produira. Votre sévérité aura fait naître l'antipathie à côté de la mésestime, et l'affection fera naufrage avec le respect dans ces cœurs que vous n'avez pas su gagner, parce que vous n'avez pas su les gagner à Dieu.

Il avait compris cette obligation fondamentale du bon exemple, l'illustre Frédéric Ozanam. Ce grand chrétien, à l'occasion de la naissance de son premier enfant, écrivait ceci : « Nous allons commencer son éducation en même temps qu'il commencera la nôtre ; car je m'aperçois que le ciel nous l'envoie pour nous apprendre beaucoup et nous rendre meilleurs. Je ne puis voir cette douce figure toute pleine d'innocence et de pureté, sans y trouver l'empreinte sacrée du Créateur, moins effacée qu'en nous. Je ne puis songer à cette âme impérissable dont j'aurai à rendre compte, sans que je me sente plus pénétré de mes devoirs. Et comment pourrai-je donner des leçons, si je ne les pratique pas? Dieu pouvait-il prendre un moyen plus aimable de m'instruire, de me corriger, de me mettre dans le chemin du ciel ? » (1).

Heureux les parents qui tiennent ce noble langage ! Heureux du moins ceux qui sont capables de le comprendre et d'en faire la règle de leur conduite !

____

(1) *Lettres*, t. ii, lettre 20.

XXX

Les moyens surnaturels d'éducation

L'œuvre de l'éducation est une œuvre capitale, vous le comprenez bien; mais c'est également une œuvre difficile. Comment en pourrait-il être autrement ? Tout ce qui est noble et grand ne va pas sans beaucoup de peines et de fatigues. Un chef-d'œuvre est le résultat du talent joint à beaucoup de patience ; et quel chef-d'œuvre comparable à un enfant bien élevé ? Ne vous étonnez donc pas qu'il se rencontre à le réaliser plus d'une difficulté.

Précisément parce que l'œuvre de l'éducation est une œuvre difficile, il faut s'y appliquer. Car si l'on n'est pas assuré d'y réussir, tout en s'en occupant sérieusement, on est bien certain d'échouer, si on la néglige. Mais celui qui échoue par sa négligence, porte toute la responsabilité de cet échec, et cette responsabilité est effroyable. « Beaucoup de parents périront, dit saint Isidore, parce que leurs enfants se seront perdus par leur faute. »

Les difficultés que de bons parents, des parents vraiment chrétiens, rencontrent dans l'œuvre de l'éducation, les porteront tout naturellement à se tourner vers Dieu et à implorer son aide. Elles leur inspireront la pensée de conduire leurs enfants aux sources où l'on puise, avec la grâce divine, la force de résister et le courage de se relever lorsqu'on est tombé.

« Parents chrétiens, accoutumez vos enfants à la fréquentation des sacrements. Il peut arriver qu'ils commettent des fautes graves et deviennent ainsi les esclaves du péché et du démon ; et vous ne feriez rien pour briser les liens de cet esclavage, le plus dégradant et le plus pernicieux, pour les rendre à la liberté des enfants de Dieu ! Où donc est votre foi ?

» A cette pensée, saint Jean Chrysostome ne peut contenir son indignation. « Comment, dit-il, ne vous voilez-vous pas le visage et ne vous cachez-vous pas ? Comment osez-vous exiger qu'on vous appelle encore père, quand vous trahissez ainsi votre fils, quand vous négligez de lui procurer ce qui lui est le plus nécessaire et le laissez perdre dans le vice ? Si vous voyiez un serviteur frapper brutalement votre petit enfant, vous ne pourriez le supporter et, transporté d'indignation et de fureur, vous vous précipiteriez sur ce serviteur pour lui donner de rudes soufflets. Et voyant chaque jour le diable brutaliser votre fils, s'efforcer de le plonger dans le vice, vous dormez néanmoins, vous n'éprouvez aucune douleur, vous ne vous opposez pas à cette bête très cruelle et vous ne faites rien pour lui arracher votre fils ! Vous reste-t-il encore une fibre de sentiments humains ? »

» Ensuite vous devez prier et prier beaucoup pour vos enfants. L'Ecriture sainte affirme que si le Seigneur ne bâtit pas une maison, c'est en vain que travaillent ceux qui la bâtissent. Vos enfants sont l'édifice de Dieu ; son fondement est la foi, qui doit le rendre inébranlable aux tempêtes de l'enfer et des passions ; sa hauteur est si grande qu'elle doit s'élever jusqu'au ciel, et ses murailles doivent être construites avec les pierres précieuses des vertus chrétiennes. Ah ! de cet édifice surtout il est vrai de dire que les parents travaillent en vain, si le Seigneur n'est pas avec eux pour le bâtir.

» Ici quel beau modèle nous avons à vous proposer dans le saint homme Job ! Il se levait tous les jours de grand matin et offrait à Dieu le sacrifice le plus parfait, l'holocauste, pour chacun de ses enfants : autant d'enfants, autant d'holocaustes. Il se disait : peut-être mes enfants ont-ils péché ; peut-être ont-ils oublié de bénir Dieu dans leur cœur. Par sa foi si éclairée et si vive, il se voyait établi, de droit divin, caution de ses enfants, et il se constituait leur remplaçant dans le ministère de la prière et du culte à rendre à Dieu.

» Ainsi faisait Job, non pas une fois l'an, non pas chaque mois, non pas chaque semaine, mais tous les jours. Tous les jours et de grand matin il faisait monter vers le ciel, pour sanctifier ses enfants, le parfum de la prière et la fumée de l'holocauste. S'il avait vécu dans le Nouveau Testament, avec quelle ferveur il aurait assisté à la messe et offert le saint sacrifice avec le prêtre, pour conserver la foi et la vertu de ses enfants !

» Au jour du jugement, la conduite de ce juste sera un terrible anathème pour ces chrétiens lâches et indifférents, dont les lèvres ne savent jamais faire monter vers le ciel une prière pour leurs enfants » (¹).

____

(1) Mᵍʳ Rosset. *Devoirs des parents envers leurs enfants.*

XXXI

Un dernier mot

La conversation la plus intéressante a des limites qu'elle ne doit pas dépasser, si elle ne veut risquer de devenir fatigante. Ce n'est pas un traité, c'est une causerie, chers parents, que nous avons entamée avec vous. Nous préférons la laisser inachevée, incomplète, plutôt que de vous en faire désirer la fin. Il ne tient qu'à vous, d'ailleurs, de la reprendre lorsqu'il vous plaira. Afin que vous puissiez le faire plus facilement, nous allons en résumer brièvement les principales idées.

Nous nous sommes d'abord posé cette question : qui est responsable de l'éducation de l'enfant ? Et nous avons fait à cette question la réponse que voici : l'éducation est l'œuvre des parents ; c'est une responsabilité dont rien ne peut les décharger. *C'est la famille et non l'école qui fait l'enfant.*

Nous nous sommes ensuite demandé ce que c'était que cette éducation dont la responsabilité incombe aux parents, et nous avons vu que l'éducation est l'apprentissage de la vertu, sans laquelle il n'y a pas de bonheur possible, ni en ce monde, ni en l'autre. Une éducation qui n'assure pas le bonheur de l'enfant est une éducation manquée. Des parents qui ne se préoccupent pas de former leurs enfants à la vertu ne font, en réalité, que de l'*élevage*.

Comment l'éducation ainsi comprise doit-elle se faire ?

L'éducation, avons-nous dit, est une œuvre d'autorité et d'amour. Sans le respect de l'autorité, l'éducation n'est pas possible.

L'exercice de cette autorité supposant de l'intelligence et de la fermeté, nous en avons conclu que les parents manquent à leur mission de deux façons : ou bien parce qu'ils ne veulent pas voir, ou bien parce qu'ils ne savent pas vouloir. Ils sont aveugles ou faibles.

Après avoir étudié les causes qui font échouer une éducation, nous en avons étudié le triste produit. Le résultat d'une éducation manquée, c'est l'*enfant gâté*. L'enfant gâté, qu'il soit l'esclave de la mollesse ou de l'orgueil, est un être inutile et dangereux. Nous l'avons brièvement montré, sans insister sur ces constatations douloureuses.

Nous avons dressé, en terminant, le programme d'une éducation chrétienne, la seule éducation vraiment féconde. C'est celle qui, comprenant la grandeur d'une âme d'enfant, emploie à former cette âme tous les moyens que la religion met aux mains des parents chrétiens.

Il faut que les parents se persuadent bien d'une chose : c'est que l'enfant doit être foncièrement bon pour résister aux influences démoralisatrices qui s'exercent à notre époque dans les milieux où il est appelé à grandir et à vivre. Qu'un tempérament délicat puisse, dans une atmosphère parfaitement salubre, à l'abri de privations ou d'efforts qu'il ne peut supporter, se maintenir en santé, il n'y a là rien d'impossible. Mais il faut autre chose pour affronter impunément les miasmes d'un milieu malsain, pour soutenir le travail et les privations d'une vie rude. Il faut un tempérament robuste. Or, c'est la condition de la vie à l'heure actuelle. Il est clair, par conséquent, que les enfants d'une vertu médiocre ne résisteront pas. Celui qui n'a pas mis à profit ses années d'enfance et l'éducation chrétienne qui lui a été donnée pour se faire un tempérament moral robuste, celui-là est condamné d'avance. En d'autres termes, l'enfant qui n'a pas une vie chrétienne intense est un enfant perdu : il ne résistera pas.

Mais cette formation à une vie foncièrement chrétienne ne peut être donnée que par des parents eux-mêmes foncièrement chrétiens. C'est une loi générale et qui trouve son application dans les choses de l'ordre moral, que tout ce qui existe a une tendance à défaillir et à dégénérer. L'effet est immanquable, lorsque les influences du milieu sont déplorables et de nature à provoquer elles-mêmes cette déchéance. Aussi voyons-nous des parents excellents avoir des enfants simplement bons ; de bons parents n'avoir que des enfants médiocres ; des parents médiocres se continuer dans une descendance vicieuse. Le phénomène apparaît d'une manière plus frappante encore, lorsqu'on peut rapprocher les unes des autres trois générations successives.

Que conclure de ces données de l'expérience ? C'est que les parents doivent être très bons pour que leurs enfants soient vraiment bons. C'est que de très bons parents pourront seuls donner à leurs enfants cette formation foncièrement chrétienne qui permettra à ceux-ci de résister aux influences malsaines, irréligieuses et corruptrices du milieu où ils sont appelés à vivre. Avis à qui de droit.

Et maintenant, chers parents, non pas adieu, mais au revoir. Car j'espère bien que vous ferez à ces pages l'honneur de les relire et que vous ne voudrez pas vous priver vous-mêmes du profit qu'il y a à revenir fréquemment sur des idées élevées et d'une portée pratique si considérable. Que ce petit livre soit pour vous le conseiller souvent consulté et toujours suivi dans cette œuvre si importante de l'éducation, qui est et doit rester *votre œuvre*.

TABLE DES MATIÈRES

Chapitres	Pages

IMPRIMERIE PIERRE DUMONT, 3, RUE DU CLOCHER, LIMOGES

POUR NOS ENFANTS

1 franc l'exemplaire; franco 1 fr. 25

REMISES SUR LES QUANTITÉS

LE
RECRUTEMENT
SACERDOTAL

Organe des intérêts

du RECRUTEMENT et de la FORMATION du Clergé

Revue Trimestrielle

DEUXIÈME ANNÉE

Abonnements { 3 fr. par an en France, 4 fr. par an hors de France
1 fr. le numéro   1 fr. 25 le numéro

TOUS LES ABONNEMENTS PARTENT DU 15 MARS

3, Place de l'Ancienne-Comédie, LIMOGES

Prière à l'usage des aspirants ecclésiastiques, pour demander la grâce de connaître leur vocation, enrichie d'une indulgence par S. S. Léon XIII.

Se vend aux bureaux du Recrutement Sacerdotal, 3, place de l'Ancienne-Comédie, Limoges. Deux centimes l'exemplaire franco.

Pour nos collégiens, Choix d'un état de vie, très ... de 0 fr. 05; la douzaine 0 fr. 50. Même adresse.

Des vocations sacerdotales et religieuses dans les collèges ecclésiastiques, par le P. J. DELAHOL, de la Compagnie de Jésus, chez M. Poussielgue, Paris. Prix: 1 fr. 50.

www.ingramcontent.com/pod-product-compliance
Ingram Content Group UK Ltd.
Pitfield, Milton Keynes, MK11 3LW, UK
UKHW021227110726
13695UKWH00002B/812

9 782013 593731